生活因阅读而精彩

生活因阅读而精彩

三毛 情传

Sanmao qingzhuan

苏眉 著

不为遇见，只为远方

时事出版社

图书在版编目(CIP)数据

三毛情传:不为遇见,只为远方 / 苏眉著.—北京:
时事出版社,2014.5

ISBN 978-7-80232-716-0

Ⅰ.①三…　Ⅱ.①苏…　Ⅲ.①三毛(1943~1991)-传记
Ⅳ.①K825.6

中国版本图书馆 CIP 数据核字(2014)第075968 号

出版发行:时事出版社
地　　址:北京市海淀区巨山村 375 号
邮　　编:100093
发行热线:(010)82546061　82546062
读者服务部:(010)61157595
传　　真:(010)82546050
电子邮箱:shishichubanshe@sina.com
网　　址:www.shishishe.com
印　　刷:北京建泰印刷有限公司

开本:787×1092　1/16　印张:17　字数:163 千字
2014 年 5 月第 1 版　2015 年 5 月第 3 次印刷
定价:29.80 元

序言

世间所有相遇都是久别重逢

三毛，台湾女作家，原名陈懋平，后改为陈平，生于重庆，祖籍浙江省定海县，笔名“三毛”。她曾留学欧洲，定居西属撒哈拉沙漠加纳利群岛，后来由于种种原因，在医院用丝袜上吊自杀身亡。她生前足迹遍及世界各地，她的作品也在全球广为流传，生平著作和译作十分丰富，共有 24 种。

她内心荒凉，敏感多思，却又冷郁而神秘，叛逆而激情，洒脱而率性。她热爱流浪和自由，有着温驯不羁、流浪远方的情怀。她在不断的追与逃中追寻着生命、灵魂与自由。她的灵魂，始终在路上。

三毛一生流浪，一生为爱痴狂。她是一个有着浪漫爱情梦的流浪者，走遍了万水千山；她在流浪中寻找着人生的橄榄树，在梦里寻找着半生缘；她的灵魂骑在纸背上，她的作品影响了无数华人。她生于流浪，死于孤独，她是大千世界一个独特的生命传奇。

三毛是沙漠里的一个君王，是荒漠中的一株奇葩。她从沙漠中来，到沙漠中去，她在漫天的沙海里开出了娇艳的花，在渺渺的尘世孤独地行走，她是属于后一个世界的灵魂。

三毛是台湾流行文化的一部分，是几代人追随的个性典范。在流浪了大半个世界后，她用游记式的散文影响了一代又一代人，她的诗词被台湾音乐界泰斗李泰祥改词谱曲，成为脍炙人口、经典传颂的歌曲——“不要问我从哪里来，我的故乡在远方，为什么流浪，流浪远方，流浪。”三毛精神在苍茫的人间继续高傲地飞扬，飞扬。

本书是一部浪漫唯美的人物传记，作者站在女性特有的视角，以细腻的笔触，温暖的情怀，全面新颖地解读了台湾著名作家——三毛浪漫又传奇的一生，再现了她生命的流离和繁华落尽的沧桑。跟着作者的笔触，揭开那一段段红尘往事，走近激情澎湃、爱自由、爱流浪的三毛。用诗意书写红尘，用灵魂触碰灵魂，一起走近我们深爱着的三毛。

目录
contents

第一章 梦想：一亩田，一个梦

一缕阳光入心

乌托邦的原词来自两个希腊语的词根，原意是“没有的地方”或者“好地方”。其中文翻译也可以理解为“乌”是没有，“托”是寄托，“邦”是国家，“乌托邦”三个字合起来的意思即为“空想的国家”。

古往今来，古今中外，有多少人为这个虚幻而又美妙的世界前仆后继着。基督教徒毕生节欲、爱人、祈祷的最终目的地——天堂；动荡不安的魏晋时期世人所向往的桃花源圣境；一次次烽烟战火之后人们所憧憬的夜不闭户、人人平等、无分阶级的大同社会，都是这个“乌托邦”在人们精神家园所留下的鲜明烙印。

小到每个小小个人心中所怀揣的小小梦想，那个爱的人，那个想要建筑的小小家园，那个红彤彤的太阳照常升起的明天，那个星期五早上把自己挂在晾衣绳上的阿狸，那个在水里不停练习吐泡的鱼，不都是一个个小小的“乌托邦”吗？

也许是现实太过残忍，像是有一条无形的鞭子总在抽打着人们，驱使着人们去审视、追逐心中的那个梦想；亦或许是心灵“贪得无厌”，无论生活怎样的日新月异、蒸蒸日上，还是不满足，还是向往着那一座面朝大海、春暖花开的房子，那一片一望无际、草长莺飞的草原。无论如何，梦想的存在是必需的，如果没有那一个个看似虚无缥缈的梦想，也许人生会单调黑暗很多。

当年那个小小的陈平便是在学堂里受了巨大的打击回来的。老师画在她脸上的那两个大鸭蛋使得她再也无法面对那个求知的场所，见到课桌椅就会昏倒的她，想到去上学就会失去知觉的她，终于还是把自己锁在了家里的小房间里，与世隔绝，一如她所爱的张爱玲。

然而不同的是，三毛在外面受了打击或侮辱，还有整个家庭给她支撑、温暖和包容，她的绝世是自己的选择；而她所爱的张爱玲，却是最亲近的父亲母亲给了她最深的伤害和凌辱，将她关押囚禁，而她力求挣脱牢笼。

其实，这两种境遇为二人的成长铺就的是不同的底色，也就解释了为何最后气质上如此相似的两个人，却走上了如此不同的两条道路——一个放飞梦想，越来越“乌托邦”，最后精神异常，自杀而亡；一个囚禁梦想，越来越现实，最后死在一支笔、一间房、一个男人身上。

那时的三毛漫无目的地生活着，过着一日又一日囚牢般的生活，小小的一扇窗和书架上的书成了她心灵的全部寄托。那个小小的、稚气的她，或许还不知“乌托邦”为何物，但是孤单而绝望的心里已经有了梦想的种子。那一颗小小的种子落地生根，发芽滋长，终有一天在人们不知不觉间长成参天大树，可以给人依靠，给人慰藉，倾听受伤的心灵的诉说。

《三毛流浪记》与《三毛从军记》给了日后的这位“三毛”以巨大的震撼。足不出户的陈平多么希望能够像这个张乐平笔下的三毛一样，风里来雨里走，一个人流浪到天涯，来去无牵无挂。足是被禁锢住了，心却是无限放飞的。然而心有多大，世界便有多大。当时的那一颗小种子也许并不曾料想到，日后整个世界都将是这个小小的倔强的女孩的舞台，整个世界都在帮她完成她的剧目。

自三毛系列图书之后，陈平爱上了所有带插图的图书，所有漫画都不愿放过，总是如饥似渴地翻到看着每一页。继而，漫画已经满足不了那一颗“乌托邦”的心灵，她疯狂地搜集着一切画作：漫画、水彩画、素描、油画、水墨画、国画、西画……

直到有一天，当她看见毕加索的画时，心灵霎时震颤了。那时她才体会到，原来很多东西可以超越时间空间碰撞在一起，滋生出一种叫作共鸣的事物。

她疯狂地爱上了这个“神经质”的艺术家，她要到国外去，到西班牙去，她要顶礼膜拜他，她要做他的妻子，她要飞蛾扑火般把自己的身体、把自己的一生义无反顾地献给这个西班牙天才。多年以后，那个已经长大成熟的三毛，思人忆事、触景生情时仍然感喟：“我想飞蛾扑火时，必定是极其幸福的吧!”

那个小小的却充满着巨大力量的梦想，驱使这个对所有学习都充满抗拒的三毛对父亲说了她想要学画的愿望。这使得那位苦心孤诣的父亲，那位教女儿学英文、学古文、学钢琴却都遭到抗拒的无奈的父亲又惊又喜。当时的他哪里会想到，那个又敏感、又孤僻、性子倔、脾气坏、又不成器的，看不见未来在哪里的小女儿，那个让他食不下咽、唉声叹气，让妻子咽泪装欢伤透了心的女儿，心里已经有了梦想的种子。而他又哪里会想到，他答应女儿学画的这个决定，在不经意间给这个梦想滋补了多少营养。那个“没有的地方”，那个“好地方”，那个“空想的国度”，正变得越来越清晰。

第一任教师没有发现三毛心中的梦想，他一板一眼地教授着该教授的课程，却并未顾及到这个怪女孩的精神家园。三毛抗拒了。她的

“乌托邦”不该是这样的。于是，她又开始把自己锁在家中。如果日子就这样过下去，那颗已经生根的种子就会腐烂，那颗已经长出的嫩苗也会夭折。幸而上天眷顾着每一个人，特别是那些心怀梦想的人。即使所有的门都关上了，还是会留一扇窗；即使所有的窗也都关上了，只要你耐心等待，细心观察，也会发现那无处不在的缝隙，正将一缕缕明媚温暖的阳光引进来，照亮你心灵所有的角落。

就是这样一个又一个台北雨季里的日子，雨巷里走出一位像毕加索一样的男人，三毛的老师——顾福生。这位高大英俊、温柔儒雅而又认真严肃、活泼体贴的老师，不但挖掘出了真正属于三毛的“乌托邦”，还挖掘出了三毛的另一个精神家园——文字。这就注定了以后三毛的流浪吧，无论是在台北、在西班牙、在撒哈拉、在南美洲，还是在她热爱的文字里。

日后成名的她，受到无数青春热血、怀揣梦想的年轻人崇拜追捧的她，也无比认真地对待着每一个梦想，无论它是大还是小，是不切实际还是卑微平凡。她都小心翼翼地呵护着它们，因为她深知梦想的力量。她说：“人不能没有梦，年轻人特别有权利做梦。”

我想，我们每一个人都有权利做梦。哪怕这个梦是别人眼里的白日梦，是不切实际的、也许永远都实现不了的“乌托邦”。

这样，当现实的世界轰然崩塌的时候，还有这个精神家园让我们回归；当现实黑暗寒冷的时候，还有这座后花园阳光明媚、四季如春；

当现实凋零破败的时候，还有这个遥远的世界里草长莺飞的午后；而当现实太过令人满意而容易令人自我陶醉、自我膨胀迷失、自我目中无人的时候，还有这样一个没有实现的梦，提醒着我们不能止步不前，还要进取，还要奋斗，还要追寻更美好的所在。

拥有这样的心灵，才会拥有真正的人生。

我不是归人

在春天，或者在梦里，我曾经遇见过你。而今，我们一起走过秋日，你按着我的手哭泣。你是急逝的云彩，还是血红的花瓣？都未必。我觉得：你曾经是幸福的，在春天，或者在梦里。

这是奥地利诗人里尔克写的诗，百转千回，令人魂牵梦萦。在那个台北的雨季，正值生命雨季的三毛也有这样的情怀吧？她是幸福的，她也是哭泣着的。

台北的雨季悠长，悠长，悠长得像雨巷里的那一缕幽香。到处都是雨，甚至是在春天，或者在梦里。每年三四月间便开始下的雨，淅淅沥沥地下过了清明，下过了漫山遍野的桃花、梨花、李花、油菜花，下过了梅子黄熟，下过了南燕北飞，下过了端午，下进了六七月的暑热，下进了暑假漫长难熬的一个人的时光，下进了夏日午后的蝉鸣，下成了七八月的暴风雨，下成了雷电台风，下来了炎热过后的凉爽，下来了金色的秋天，下来了压弯了腰的麦穗，最后终于下进了秋天，然后戛然而止了——冬天，它变不成雪的。

就这样一年又一年，雨季一年又一年地来，一年又一年地离开，终于把时光下成了昏黄色、下成了老旧默片，把明日的时光匆匆下成了昨日，把未来下成了过去。也许不经意的一瞬间，那个昔日在雨季里愁眉紧锁、内心备受煎熬的人，在拉开抽屉看见自己泛黄的日记的一瞬间，惊觉自己已经长大了，再也不是小孩子了。是呵，那个小小的三毛，那个从小学六年级便临阵脱逃的三毛，一转眼也已经进入自己人生的花季雨季了。

“想到二十岁是那么遥远，我猜我是活不到穿丝袜的年纪就要死了，那么漫长的等待，是一个没有尽头的隧道，四周没有东西可以摸触而只有灰色雾气形成的隧道，而我一直踩空，没有地方可以着力，我走不到那个二十岁。”那个曾经写下这样的文字的少女，离穿丝袜的年纪是越来越近了，而自己却并没有死掉，那些记忆里无声无息的雨陪她走过了那些似乎没有尽头的隧道，她长开了，长成了，长大了。

她终于还是要回到学堂，只不过再也不是按部就班地被他人塑造了——她成为文化大学哲学系的一名选读生。在这样一个雨季的年龄，她思索人生，也邂逅了爱情。那个名叫舒凡的戏剧系男生，成了她生命里的一朵花。

他是她在最纯真的时光里爱上的一个人，从此，想念贯穿了生命的始终，在那里，爱，无法跨越，又无处告别。

她是那样地爱他，乃至于到了后来，她要跟他结婚，他不同意，她哭了又哭，求了又求，最后以出国相威胁，以再也无法相见相要挟，还是没有成功。在那一句泪流满面的“祝你旅途愉快”之后，她终于咬紧牙关登上了去往西班牙这个异国他乡的班机，没有回头。

或许，离开了有他的天空，也就离开了梦想和幸福。从此，把他珍藏，藏在心底最柔软的角落，藏在无人能触及的地方。

她假装依然可以若无其事地行走，行走在黑色的夜里。蹒跚的脚步，却在微微颤抖。

她想，人生或许只能爱一次吧，人无法再回到最初遇见的时候，那样的痴迷，那样的执着，那样的疯狂。

初恋总是刻骨铭心的。多少人因为初恋死去活来，久久不能忘怀。多少人在与妻子相濡以沫几十年以后，心里还是默默挂念着青涩时光里的那个她。多少人在夜深人静的时候，回忆起那个日光像水晶一般耀眼的午后，那一闪而过的人影总是生命里第一个他 / 她。多少人，一转身，便是永恒。

有人说，初恋时，我们不懂爱情。是啊，那时我们还不懂得计算银行利率，不能体会柴米油盐的艰辛，自然也不懂得将感情称斤称两。可是，这样的感情，却最为纯真，令人难以忘怀。

三毛的心，碎满了胸膛，她却没有想到，许多事情冥冥之中自有巧妙安排。初恋这样的结束，却是婚姻冥冥之中的开始。

西班牙是一个多么迷人的国度呢？

西班牙大部分国土气候温和、山清水秀、阳光明媚、风景绮丽。遍布全国的世界文化遗产和多元化文明的融合总能让人流连忘返。而三毛所在的马德里更是一座融历史文明与现代文明于一体、勇敢而又有内涵的城市。西班牙男士高大帅气勇敢，西班牙女士火辣高挑俏丽。西班牙的斗牛吸引了成千上万的游客，西班牙人的热情更是为人所称道。

三毛半读半游，很快就熟悉了这里的人文地理、风土人情，也交了很多朋友。初恋所带来的伤痛很快在这个热情洋溢的国度烟消云散了。而正在这个时候，16 岁的荷西闯进了她的生命。

他说："Echo，你等我六年，我有四年大学要念，还有两年兵役要服，六年一过，我就娶你。"他又说："我的愿望是拥有一栋小小的公寓，我外出赚钱，Echo 在家煮饭给我吃，这是我人生最快乐的事。"

他还说：“我是碰到你之后才想结婚的。”

英国伟大的作家莎士比亚曾经说过，爱情不是花阴下的甜言，不是桃花源中的蜜语，不是轻绵的眼泪，更不是死硬的强迫，爱情是建立在心灵相通的基础上的。

印度诗人泰戈尔也曾经说过，毫无经验的初恋是迷人的，但经得起考验的爱情是无价的。

也许在异国他乡旧痛乡愁一并袭来的时候，这样一份天长地久的承诺是永恒的、无价的。它是这样令三毛深深地感动着，感激着，感怀着。但是，那时候三毛还并没有想要婚姻，她也许还是要漂泊的，而荷西又是那么小。那张高中二年级孩子稚气却又执着坚定得近乎倔强的脸，一如当年那个对舒凡哭了又哭、求了又求要结婚的三毛。

“我打江南走过，那等在季节里的容颜如莲花的开落。东风不来，三月的柳絮不飞，你的心如小小的寂寞的城，恰若青石的街道向晚。跫音不响，三月的春帏不揭，你的心是小小的窗扉紧掩。我达达的马蹄是美丽的错误，我不是归人，是个过客。”

也许那个时候的三毛，正在心里一遍又一遍地用西班牙语说着对不起，她想告诉荷西：“我达达的马蹄只是个美丽的错误。我不是归人，只是个过客。”

“荷西，你能听懂吗？”

“记得当时年纪小，你爱谈天我爱笑。有一回我们并肩坐在桃树下，风在林梢鸟儿在叫。我们不知怎样睡着了，梦里花落知多少。”

为了逃避这一段似是而非的爱情，三毛收拾行囊，动身前往德国。

爱情是多么迷人的花朵，它散发着馥郁的芬芳，闪耀着缤纷的色彩，吸引着古往今来古今中外的人们奋不顾身地飞蛾扑火。爱情又是多么可怕的毒药，它是花朵却难结果，它有九条命却仍常凋落，它似是甘醇的佳酿引人饮下，却在钟情之人的身体里翻江倒海带去无限苦痛。

林黛玉为了爱情发病身亡，罗密欧与朱丽叶为了爱情挥剑自尽，爱德华六世为了爱情放弃江山，张爱玲为了爱情背负汉奸之妻的罪名直至终老于异国他乡，梁山伯与祝英台为了爱情宁愿化作蝴蝶双宿双飞，杰克为了爱情葬身海底，普希金为了爱情与人决斗而死……

爱情也和情歌一样，最高境界是余音袅袅。爱情使多少人付出生命的代价，可是，可是，他们却仍是那样强烈地幸福着。

笔尖下的流浪

安居乐业、安土重迁或是随遇而安、逐水草而居是一种民族性格，是一种人文地理，也是一种人生态度。

有的人喜欢“宅”，躲在自己的一所小小公寓里，把自己封闭在一方小小的天地里，杜绝与外界的接触；有的人喜欢漂泊、流浪，去吸收日月之精华，去看遍世界之风景，去认识不同的人与物，去经历不同的事与情；还有的人，在笔尖游走，寻求梦与自由。

在笔尖流浪，是一件幸福的事吧。心之所至，即是天堂。那一段段文字，承载了多少敏感孤苦的灵魂！在少年派的漂流中，多亏了那几张小小的纸片和那一支短短的笔，记录了他漂流的奇遇，使得他没有在绝望与孤独中死去，而是奇迹般地生存了下来，而这 227 天的日记也将是他一生的财富；在体弱多病、多愁善感的卡夫卡的世界里，没有亲人可以依傍，没有爱情可以滋养，没有子女可以承欢，没有朋友可以深交，唯有这一支鹅毛笔，写尽了他的内心世界，写尽了他对人生与世界奇幻吊诡的想象与思索；在张爱玲“无父无母、无兄无弟、无子无女”，身败名裂，孤苦无依，动荡不安的一生里，唯有写作给她以慰藉，给她与这个世界沟通的途径……而对于三毛，可以说是流浪成就了她的文字，文字升华了她的流浪。

她的文字来得既顺理成章又颇为蹊跷。从小看书所积蕴的深厚的文学功底，从小学写作文开始显现出来的写作天赋，从她的敏感多思所散发出的哲人气质，都在方方面面提醒着我们一颗文坛“巨星”升起的可能性。而她学业的半途而废，学画的浓厚兴趣，又似乎预兆着她会向另外一个方向发展。连她的家人也说，若三毛没有去写文章，也该是一个小有作为的画家。

这种人生的起始点，当归因于她人生的第一位恩师顾福生。她那还青涩的、稚嫩的文字被他拿到好友白先勇处发表，从此开始了她在笔尖游走的流浪生涯。而这种人生的延续，却要归功于她人生中最不可或缺的那个人——荷西。当她决定流浪去撒哈拉时，荷西义无反顾、毅然决然地随她去了。而正是他们在撒哈拉的生活使得三毛再一次提起了搁置十年的笔，并且从此再也没能放下。

但是最重要的、这种人生本质的存在，却要归功于三毛自己。三毛追求自由、随遇而安的个性特征，使得她敢于大胆追逐自己的梦想，活出自我。

每一个在笔尖游走的灵魂都是追求自由的。不自由，毋宁死。记得匈牙利诗人裴多菲曾经有过这样一首诗："生命诚可贵，爱情价更高。若为自由故，两者皆可抛。"这里并不是要贬低生命抑或爱情的价值，而是强调了自由无可比拟的重要地位。若不是荷西当年一心守护三毛的自由与梦想，尊重她的决定，陪她一起找寻生命的意义，而是选择留在西班牙，那么他们那一段惊天地泣鬼神的爱情也就没有了立足的基础。

笔尖的游走需要自由的灵魂，也只有自由的灵魂能写出自由的篇章。西方文明发祥地希腊的那些哲人，都有着自由的灵魂——无论是苏格拉底、柏拉图、亚里士多德，还是泰勒斯、赫拉克利特、荷马，他们无一不是在四处游走，既增长自己的见识，开阔自己的视野，又"传道、授业、解惑"，将自己的智慧一心一意地向四方传播。而我国古代的先贤，无论是孔子、孟子、庄子还是老子，乃至春秋战国时期的游说者，他们也都是一生游历各国，或参悟天地玄机，或研究社会方案。及至后来的司马迁、李白、杜甫、徐霞客，凡是在各自的领域有所成就的人，都是一步一个脚印踏出自己的人生经历的。

三毛与生俱来的追求自由的巨大决心，也决定了她日后的人生旅程。撒哈拉沙漠里生活的单调艰险没有击退她，异国他乡语言的不通、价值观念的不一致没有使她退缩。在这片寸草不生的漫漫黄沙里，她反倒找寻到了最大的自由与人生乐趣。这一半要归功于荷西，而另一半则是三毛自己的特质。且看她是怎样将黄沙变为黄金的吧：

“我每想你一次，天上就掉落一粒沙，于是世界上有了撒哈拉。”这是对无论爱情还是亲情友情的最生动而又恰切的表达。

“我笑，便面如春花，定是能感动人的，任他是谁。”这是在沙漠里生活之后蓬然升起的对自己同时也是对他人的信任。

“世界上难有永恒的爱情，世上绝对存在永恒不灭的亲情，一旦爱情化解为亲情，那份根基，才不是建筑在沙土上了。”这是在沙漠里与荷西相濡以沫、柴米油盐地住了六年之后，三毛对于爱情的成熟的理解。

“爱情，如果不落实到穿衣、吃饭、数钱、睡觉这些实实在在的生活里去，是不容易天长地久的。”同样，在沙漠面前，你侬我侬的甜蜜浪漫是不切实际的，只有实实在在的爱情才是永恒的，一如这些黄沙，细细数来，每一个个体似乎都不值得一提，但是当这些小家伙在一起站稳脚跟之后，任卷地大风也奈何不了它。

“生命的过程，无论是阳春白雪，青菜豆腐都得尝尝是什么滋味，才不枉来走这么一遭。”这是在沙漠里过尽了“非人”的生活后，三毛对于得之不易的生命与生活的珍惜。

“如果我不喜欢，百万富翁我也不嫁，如果我喜欢，千万富翁也嫁。”这是荷西问三毛是否喜欢嫁给有钱人时得到的风趣却不失道理的回答。

“我不能确定我见过飞碟，但我确实见过不明飞行物!”这是在沙漠里见到的景观。

“路是由足和各组成的。足表示路是用脚走出来的，各表示各人有各人不同的路。”这是三毛对自己流浪与自由的生活的最好总结。

“男人——百分之八十的那类男人，潜意识里只有两样东西——自尊心和虚荣心。能够掌握到这种心理，叫一个骄傲的大男人站起来、坐下去，都容易得很。”这大概是在跟荷西六年相处的时间里所琢磨出来的感悟吧。

“后来，我一度变成了一个不相信爱情的女人，于是我走了，走到沙漠里头去，也不是去找爱情，我想大概是去寻找一种前世的乡愁吧。”住久了，沙漠变成了三毛的第二个家。其实何止于沙漠呢？除了家乡之外的任何一片土地，任何一个国度，任何一座城市，对于一个自由的流浪者的灵魂来说，都是有着淡淡的乡愁的。

“我是一个像空气一样自由的人，妨碍我心灵自由的时候，绝不妥协。”任何对这句话的注解都是多此一举的。

“我在想，飞蛾扑火时，一定是极幸福快乐的。”这是三毛有感于沙漠中男女之间的痴情，纵使已经知道那是一场骗局。

“有一天，如果不小心发了财，要抱它几千万美金，浇上汽油烧，点了火，回头就走，看都不要看它是怎么化成灰烬的，这个东西，既爱它又恨它。”这是自由的灵魂对于金钱最贴切的看法了。

“你拒绝了我，你伤害了我的骄傲!”《芳邻》中的一句话，包含了多少沙漠中的日子啊。

就这样在笔尖流浪，直到荷西去世，直到自己也去世。

心中的梦田

每个人的人生都只有一次，无法重来，这是上天对我们的残忍之处。但是，只要愿意，却也可以将一个轮回活出很多种不同的维度，这是上天对我们的眷顾之处。

无论贫富美丑，我们拥有生命，这便是最大的幸运。所以，我们所能做的，所应该做的，是好好珍惜生命，活出自己的人生，让自己短暂的一生尽量经历可经历的，思索能思索的。

人生的每一次转折，都暗藏玄机。也许是杀机，也许是生机。但是，无论还有没有路可以走，无论还有多少艰难险阻，无论肩上的担子多么沉重，我们所应该做的，一定是要面对它、迎战它。只要自己不放弃生命，没有什么可以打倒你。如果有一天，你不在了，你不见了，你找寻不到了，请告诉我，那一定不是你自己做的傻事。

三毛的一生是个传奇。其实，她只是最平常、最平凡地活出了自己的生命——她只是在跟着心走，跟着自己的梦想走。而心灵与梦想是每一个人所具备的，因而这也是最容易做到的。

三毛给我们的震撼是巨大的。她成了那个时代中国台湾的偶像，台湾文化的代表，也成了所有心中还有梦想与自由的温度的青年所崇拜的对象。然而可惜的是，真正因为崇拜她而过上自己心向往之生活的人寥寥无几。

我们热爱她，怀念她，推崇她，佩服她。当我们还被蛛网似的琐事缚住手脚时，她却以大的勇气和智慧冲出了自闭的牢笼，融入了地球另一边的星空，并找到了自己的生活方式，提醒我们活出自我。

每个人的心中都有一处梦田，这是我们热爱三毛的原因，因为她敢于追梦。只是，每个人都不敢效仿三毛迈出改变人生的脚步，这也是我们热爱三毛的原因。

偶像之所以成为偶像，或许就是因为她实现了自己的一部分理想化人格。没有勇气将向往变成实践，那么至少保留一丝清醒，一点热血，在某一个不眠的雨夜里，想起这些与名利毫无关系的事物，也不失为对疲惫心灵的一种安慰。

三毛的人生几度转折。小学时，她跟所有孩提时期的儿童一样，每天过着“背起书包上学堂”的日子。日子就这样波澜不惊地过着，如果没有老师的那一番凌辱，也许三毛不会是今天这番样子，也许她会经历另外一种全然不同的人生。

童年遭遇对人生的影响究竟有多大，只要翻看几本传记，便可领略。都说叛逆是可怕的魔鬼，可有时，它却也是独立和个性的体现。

那一次自闭、自绝、自弃之后，她的人生发生了翻天覆地的变化。她成了那个还比较保守的社会里，大家都去念书只有她待在家里的“特例”；她成了家中“最没有前途、没有未来、最令父母失望叹气伤心”的孩子。她自卑而又倔强，愧疚却又暴跳如雷，她变得越来越敏感多心，活在自己的狭小天地里。

这样的转折一如她的爱情，一种平凡人生的可能性的结束，是另一种非凡的人生可能性的开始。

后来，她昂着头说道：“生活中有许多的困难，只要活着，没有什么解决不了的，需要的只是时间和智慧而已。”这句充满力量的话语，不知鼓舞了多少绝望的灵魂，不知让多少人重拾了生活下去的信心和勇气，我也深为所动。话语虽然简单，却能化解生活中的复杂。这样的功力，绝非人人都有。

很快，她的敏感多思使得她开始思考自己的生命，使得她最终跳出了自己的狭小天地，开始关心人类与世界，开始将目光放之四海。她钟情于艺术，钟情于哲学，钟情于文学。她钟情于自己，钟情于陌生人，钟情于远方。

家园的逼仄与太多不堪的回忆使得她决心离开家庭奔向远方。换一个城市生活，或许会有新的体验吧。在旅途中，无论是西班牙还是德国或美国，她所经历的人与事都是全新的。新鲜的经历像新鲜的血液一样注入到她的身体里，也像新鲜的思想一样注入到她的脑袋里。

此时的三毛较之以前也大为不同了。她变得乐观、开朗、热情，也更加坚强，更加能够承受重担。然而敏感脆弱的影子仍像个恶魔一样潜藏在心底，并没有轻易地离开。

直到回家之后，经历了两次失败的爱情与婚姻，“败得快要死掉”，一度又要寻死觅活，脆弱与不负责任的影子又出来作祟了。幸而此时荷西出现了，接过了三毛父母亲呵护与开导她的重担。他用一种全新的爱、全新的方式带给了三毛一种全新的人生观。

毫无疑问的是，她的坚强与责任感更多了一些，她的脆弱与自私更少了一些。这样，荷西给了她六年的力量。等到六年之后，荷西走了，她才明白，上天是眷顾她的。荷西是上天派给她的天使，陪她度过了人生中最艰难的日子，给她力量，然后便回到天堂去，静静地微笑着，看着这个传奇的女人会活出怎样的人生。

三毛是知道的，一直都知道，因此她一直都表现得很好。她没有再寻死觅活，尽管时时孤独，时时思念，时时痛楚，尽管她有时会任性地对父母说离开。而更为主要的是，她认识到了对于父母的责任，认识到了为人子女、为人妻子、为上帝之子的责任。

她变得越来越忙，“忙得不能做人了”，几乎整夜整夜不合眼。然而她压力最重的时候，也是她最坚强的时候。此时的她已经由当年的小青虫变为而今能展翅高飞的拥有炫目的色彩的蝴蝶了。这只蝴蝶扇一扇翅膀，也许就能引起一次大洋的风暴。因此，她更为小心谨慎地坚守自己的职责岗位。

这样的日子一直到她“自杀”去世，她的人生与她刚来到这个世界时已大为不同。我们很欣慰地看到，一个赤条条来、带着对这个世界无知的、嘹亮地啼哭的小小生命，经历了一生的蜕变与转折，走时，满载着对这个世界的思考，满载着在这个世界的经历，满载着对这个世界付出的与得到的感情，带着低低的悲鸣，离开了这个世界。

虽然她的离开至今仍是一个谜，但我们更愿意相信那位为她伤透了心受尽了苦，年过花甲罹患癌症却仍要承受白发人送黑发人之苦的母亲所说的：“她端详地坐在马桶盖上，双手合十状若莲花，似乎在默默地祈祷，神情安详宁静，嘴角还带着一抹浅浅的微笑。”

我们也理解同样痛苦的父亲所说的：“就好比我和三毛一起搭飞机到美国，她的票买到夏威夷，我的票到华府。夏威夷到了，她先下飞机，而我继续坐到华府。我们不再一起飞，可是我心里有她，她心里有我。”

我们心里都有她。

一个人的人生不是任何外在条件可以决定的。我们每一个人的人生都是自己的所思所想所观所感的反映。希望我们在热爱三毛、纪念三毛的同时，都能像三毛一样，无论经历多少苦痛，都保持爱与信任的能力，学会坚强与责任，将自己的人生活出另一种光彩。

第二章

灵魂：一张纸，一缕魂

疯狂的追逐

每个人的人生都有这样一个逃与追的过程吧，无论是梦想、自由，还是爱情、亲情、友情。所有人生中珍贵的得之不易的但又是不可缺少的基石性的东西，都不是一蹴而就的。没有事情是能够轻易做到的，有多少人挥洒了那么多的汗水、泪水，苦苦追逐了那么多年，到头来还是两手空空。

逃与追的过程又多么像是一个永无止境的梦魇。梦里是铺天盖地、永无止境的黑，黑暗的尽头仍是黑暗，一个人在逃，慌乱无措地逃，另一个人，或者，不是人而是许许多多其他的东西，那些压得人喘不过气却又千方百计想得到的东西在追逐着他。他很害怕，他希望早日逃离；他又很渴望，渴望这些东西把他重重包围，哪怕就这样死去也好。抑或，是那些东西、那些人在逃，而他在追着，他总感觉自己马上就要追上了，伸手就能触碰了，可抓到的往往只是空气，除此以外什么也没有。眼前的景象就像海市蜃楼一般不真实，不但不真实，还有着致命的危险。人一旦陷进去不懂得自制，很可能就永远也出不来了。

在这个梦魇里挣扎的人们，有的迷茫徘徊，有的哭号哀怨，有的奋起直追，有的畏缩倒退。有的人就此沉浸在这个一去不复返的梦里，一辈子虚虚实实、毫无所得。就像塞奇·布鲁梭罗所著的那一系列科幻小说《魔眼少女佩吉苏》里描写的那样，如果有数不清的欲望，没有挣脱梦境的勇气与毅力，你就将最终被自己的虚拟世界所摧毁，没有人知道你是怎样死的、怎样消失的，因为你死在自己的欲念里。有的人奋力挣扎，终于从这个没有尽头的梦里破茧而出，来到这个光明、温暖、脚踏实地的世界。大梦初醒的感觉恍如隔世，但是身处在一个新的充满希望的世界是毫无疑问的了。无论这个世界是不是也有新的艰难险阻，毕竟身处在这个世界是踏实的、实实在在的，没有那么多虚无缥缈的事情，没有那么多无谓的逃与追。

三毛的人生又何尝不是这样的呢？也许比之常人更是有过之而无

不及。我们来看看她是怎样苦心孤诣甚至是如痴如狂地追逐着她的梦的——无论是爱情还是梦想。

在上小学的时候，她就如此痴迷于拾荒梦。无论是在哪里见到自己心仪的东西，都会捡回来，毫不避讳与嫌弃。甚至是在老师布置的作业里——这在当时是如此庄重的一件事情——她也是毫不顾忌、一往无前地写了，得到的结果却是大家的不理解，于是唯有迎合老师去重写。然而这个梦却没有因此而夭折，反而在心里发芽滋长，好似得到了最好的阳光雨露，得到了时间最好的赞美。她就这样在短暂的一生里随处拾荒，就这样陆陆续续地积攒了那么多美好的宝贝。

在后来专门写她的宝贝的那本叫《我的宝贝》的书里，她这样写道："我有许多平凡的收藏，它们在价格上不能以金钱来衡量，在数量上也抵不过任何一间普通的古董店，可是我深深地爱着它们。也许，这份爱源出于对美的欣赏，又也许，它们来自世界各地不同的国家，更可能，因为这一些与那一些我所谓的收藏，丰富了家居生活的悦目和舒适。可是以上的种种理由并不能完全造成我心中对这些东西的看重。之所以如此爱悦着这一批宝贝，实在是因为，当我与它们结缘的时候，每一样东西来历的背后，多多少少躲藏着一个又一个不同的故事。"

"常常，在夜深人静的夜里，我凝望着一样又一样放在角落或者架子上的装饰，心中所想的却是每一个与物品接触过的人。因为有了人的缘故，这些东西才被生命所接纳，它们，就成了我生命中的印记。当然，生命真正的印记并不可能只在一件物品上，可是那些刻进我思想、行为、气质和谈吐中的过去，并不能完善地表达出来，而且，那也是没有必要向这个世界完全公开的。"

"从前年开始，为着一些古老的首饰，我恳请吴洪铭将它们拍摄下来。"

"原先，并不存着什么特殊的用意，在我当时的想法里，那些因为缘分而来的东西，终有缘尽而别的时候，我并不会因此而悲伤，因为可以保留照片。又想，照片也终有失散的一天，我也不会更加难过，毕竟——人，我们空空的来，空空的去，尘世间所拥有的一切，都不过转眼成空。我们所能带走的、留下的，除了爱之外，还有什么呢？而，爱的极可贵和崇高，也在这种比较之下，显出了它无与伦比的永恒。"

是啊，就是这些一件又一件静静的物品，却无言而永恒地铭刻了三毛一生的追梦旅程。

稍大一点儿以后，她又开始向往长大，向往那个可以穿丝袜的年纪。在追逐长大的那些年岁里，她也在追逐爱情。还是在读国小的时候，她就那么义无反顾地爱上了那个匪兵甲，那个剃着毛刺刺、青幽幽的光头的匪兵甲。这个同时也扮演着匪兵乙的姑娘，在曾经的时光里是那样地梦想着和这个男生结婚。

很多年后再回想起这段往事，那个匪兵乙哑然失笑了：“他还是了解我的，那个甲，我们不只一次在彩排的时候心里静悄悄地数着一二三四……然后很有默契地大喊着跳出去。他是懂得我的。日子一样的过下去，朝会的时刻，总忍不住轻轻回头，眼光扫一下男生群，表情漠漠然的，那淡淡的一掠，总也被另外一双漠漠然的眼白接住，而国旗就在歌声里冉冉上升了。总固执地相信，那双眼睛里的冷淡，是另有信息的。”

“中午不再去排戏了，吃完了饭，就坐在教室的窗口看同学。也是那一次，看见匪兵甲和牛伯伯在操场上打架，匪兵甲被压在泥巴地上，牛伯伯骑在他身上，一直打一直打。那是雨后初晴的春日，地上许多小水塘，看见牛伯伯顺手挖了一大块湿泥巴，啪的一下糊到匪兵甲的鼻子和嘴巴上去，被压在下面的人四肢无力地划动着。那一刹那，我几乎窒息死去，指甲掐在窗框上快把木头插出洞来了，而眼睛不能移位。后来，我跑去厕所里吐了。经过了那一次，我更肯定了自己的那份爱情。”

“也是那长长的高小生活里，每天夜晚，苦苦地哀求在黑暗中垂听祷告的神，苦求有一日长大了，要做那个人的妻子。哀哀地求，坚定地求，说是绝对不反悔的……刻骨的思念，即使再回头，也看不见什么了。也是在夜间要祈祷了才能安心睡觉的，那个哀求，仍是一色一样。有一次反反复复地请愿，说着说着，竟然忘了词，心里突然浮上了一种跟自己那么遥远的无能为力和悲哀……那天晚上，我躺在黑暗中，只能说一句话：'嗳，老天爷，谢谢你。'"

但那毕竟是三毛追逐爱情的开始。

后来到了文化大学念选读生，又是那样义无反顾地爱上了那个叫舒凡的男生。就像一首老歌里那样唱的："莫名，我只喜欢你，深深地爱上你，没有理由，没有原因。"到最后，又是哭了又哭，求了又求，终于还是被温柔地拒绝了。

这个那么用力用心甚至用命追梦的女孩大概那个时候是怕了吧，却步了吧，终于还是逃了，逃到远在千里之外的异国他乡去。说是疗伤，也终于还是关上了心门。

于是在那个热情奔放又洋溢着浪漫气息的国度，再难遇上爱情，无论是日本式的爱情、德国式的爱情还是西班牙式的爱情，都没能令她释怀。虽然人生逆转，以前她对于别人的渴求换作了他人对她的苦求，但是这个曾经勇敢得近乎执着的女孩，最终却开始了"逃亡"。

她从西班牙逃到德国，又从德国逃到美国，而上天却似乎在和她开玩笑——在美国又遇上了一个追逐她的人。虽然人都是那么样的好，但是一直在逃避的她没有办法说服自己去勇敢地接受一段新的爱恋、新的求婚。于是，她又逃回了自己的国度，逃回了自己家的爱的港湾。

呵，有一个家是多么的幸运啊！在不断的逃与追的人生阶段中，还有这样一个始终默默为你守候着温暖的避风港，可以让一直在外漂泊的旅人有歇息的时候、有驻足停留的理由。

在台湾，再没有追逐，也没有逃避，她就这样不温不火地在流年里遇见了两段爱情，两段可以走进婚姻的爱情。但是上天总是那么爱开玩笑，一段爱情介入了别人的婚姻，最后以离婚收场；一段爱情甚至还来不及走进礼堂，那个承诺要相伴一生的人却先走一步撒手人寰了。

呵，逃与追的人生是多么喜怒无常呢。经过了这样的大喜大悲、大起大落，一度割腕自杀的三毛终于清醒过来，收拾行囊奔向那个等待了她六年的荷西。

相安相守的生活就这样在经历逃与追之后逐渐安稳了下来。我们该多么庆幸梦魇就这样被一个西班牙年轻的大胡子男孩给摧毁掉了。爱情与亲情的厮守是幸福温暖的，而三毛却又踏上了对于自由流浪梦想的追逐。

一个女人，以至情至性的姿态面对生活、面对世界，她用一颗善感的心演绎自己对生命的独到感悟与理解。她一生流浪，不论是浪漫的撒哈拉，还是激情的斗牛士，都是她生命中最美丽的碎片。

或许，十年的流浪生活，让三毛的心发生了常人不曾经历过的蜕变，如同涅槃一般，让凡人凡事都变得更奇妙、更有爱。可是，从另一个角度来看，她却也始终带着常人无法理解的孤单与忧郁。也许这就是一个流浪者的必备特质，是认真思考所带来的附加品。

也许，只有这样不断扬帆起航的人生才是值得过的吧。

急速的光影的梦

又是梦，又是梦，还是梦。无声无息无言的梦，波涛汹涌张牙舞爪的梦，缓慢的黑夜的梦，急速的光影的梦……

如果说，人生除了现实这个有形的枷锁外，还有一个无形的枷锁，我想那就是梦吧。

天地四方为宇，古往今来为宙。天地四方之间，古往今来一瞬，构成了我们的宇宙，我们的大千世界，我们的天地玄黄。在这个宇宙间，梦无处不在。无论是古时的庄周梦蝶，醒来不知我是蝶，还是蝶是我，还是弗洛伊德对于梦的研究与分析；无论是古时一代贤人周公为普生大众解梦，还是普生大众对于梦的执迷信仰，都充分说明了梦的伟大魔力。它虽然是虚幻的，却在冥冥之中预言了很多东西，应验了很多东西，美化了很多东西，也摧毁了很多东西。

梦能带给人想象的翅膀，也会成为束缚双翼的枷锁。当梦成为梦幻，成为那个在阳光照射下五彩斑斓的肥皂泡时，它会摧毁你的心志；而当梦成为梦想，变成你所有对于生命的热情与思考凝结而成的闪耀着炫目光芒的钻石时，它会激发你的力量，助你勇敢前行。

而当所有梦的光芒都经过岁月的打磨逐渐退去，曾经的光芒只是那一首梦里花落知多少的歌谣里的回忆时，梦才是真实的。这个时候，它是温润的玉。

然而归根结底，梦是积极的力量还是消极的力量，还要看你怎样去对待它。无论是年少时似钻石的它、带给无数人生命激情与对未来憧憬的它，还是年老时成为回忆的它、成为无数人在掌心摩挲的玉的它、成为大家感念怀旧的泛黄色的主题的它，在积极的人眼里，都是一生最宝贵的财富，而在消极的人眼里，却都是使人成瘾却挥之不去的精神鸦片。

一代又一代的人为梦下了无数的定义：有的人说梦想无论怎么模糊，它总潜伏在我们心底，使我们的心境永远得不到宁静，直到梦想成为现实；有的人说梦是一种欲望，想是一种行动。梦想是梦与想的结晶。有的人说心存希望，幸福就会降临；心存梦想，机遇就会笼罩。有的人说梦想绝不是梦，两者之间的差别通常都有一段非常值得人们深思的距离。有的人说一个人如果已经把自己完全投入于权力和仇恨中，你怎么能期望他还有梦。有的人说梦想一旦被付诸行动，就会变得神圣。还有的人说人生最苦痛的是梦醒了无路可走，做梦的人是幸福的，倘没有看出可以走的路，最要紧的是不要去惊醒他。

不同的人对于梦，对于梦想，乃至对于梦幻梦魇，都有自己的解读。而三毛是动摇的。她曾经痴迷于梦幻，而后又坚定地追求梦想，之后却逐渐陷入梦魇，最后死于梦魇。梦在很多时候跟钱财一样，生不带来死不带去，却可以让人欲生欲死、风雨飘摇。

年少时的三毛也跟许许多多平凡的少女一样，怀揣着一个个美好浪漫的只属于花季雨季的梦寐。而在现实的洗礼面前，她渐渐变得坚强果敢，梦褪去了那一层糖衣，露出了它冰冷坚硬的一面。然而可贵的是，三毛没有因此而抛弃它，反而更毅然决然地收拾行装上路。她漂泊了许多国家，踏遍了名山大川，最终扎根在了撒哈拉沙漠。

那一片漫漫黄沙，那时常来袭的龙卷风，那一阵阵悠扬的驼铃，那一个个布满风尘的帐篷，都是她梦想的画面。梦不再如一开始上路时那般坚硬冰冷、面无表情了，它开始变得柔和、变得温暖，尽管承载它的环境是那么恶劣。

这三年的时光有荷西的陪伴，有芳邻的“侵扰”，有父母朋友的来信与关心，有自己一字一句写出来的妙趣横生的《撒哈拉的故事》，梦想实现得如此五彩斑斓而又不可思议。沙漠之花总会开出最绚丽的色彩，就像那一捧天堂鸟一样妙不可言。

然而动荡不安的局势又扰乱了这个安安稳稳、循序渐进的梦。西班牙与摩洛哥和西属撒哈拉的局势越来越混乱、越来越紧张。现实的局势终于将这个梦惊醒。这个世界上没有一个地方是永远的桃花源，可以让人忘记时间和年代的更迭，忘记尘世的纷纷扰扰，忘记一切忧虑，总有东西会打扰你、惊醒你。

现实的洪流以巍巍不可挡之势灌进来，于是梦想只有逃离退却。三毛与心爱的荷西终于还是搬离了撒哈拉，伴随着回忆里那与呼啸的大风混合在一起的骆驼的哭泣。她成了最后一个搬离撒哈拉的外国女人，但她终究还是搬离了。

她来到加纳利岛，以为这会是另一片追梦的好天地。确实，这一座岛屿很美，是荷西所热爱与向往的海洋，也是两人曾一同旅行的“逍遥七岛”中最钟爱的一座，离想象中的桃花源更近了。

然而神仙眷侣的日子没过多久，那个重新开始精心编织的梦却就这样随着荷西的离去而破碎了。荷西终于葬身在他一生热爱的大海里，就像《碧海蓝天》里的恩佐一样，因为赌气好胜不负重荷而葬身海底；就像《碧海蓝天》里的杰克一样，与海洋有着天生的亲近感，对海水有着异常的天赋，在海里就像鱼儿一样自如，但是最终因为太过依赖而与海融为了一体。留下了那个那么爱他的女孩独自一人在这个世界上继续着梦的旅途，无论这段旅途是多么孤独。

命运的坎坷，从此刻进了三毛的字典里，这分离，像是一个梦魇，一直存在于她的心里。在那之后，她的心灵不断地长出荒草，心情也不断地起起落落，就像她自己说的，梦里花开花谢和成长撕裂的痛都在她的心里挣扎，最后她结束了自己的生命。用她的话说，她是去了另一个安详的世界摆脱了尘世的痛苦与纷繁，那里有她最爱的人为她构建了一个美丽的家。

那无数个一个人的夜晚，三毛伤心害怕孤独悲伤，却没有人可以帮上一点忙。于是在无数遍回忆了以前的梦之后，三毛陷进了梦魇。

她开始神神叨叨、疯疯癫癫，开始迷信鬼神，开始相信所谓的碟仙会将荷西带到她面前，会让他们两个进行对话。她是迷失心智了也好，装神弄鬼也好，自欺欺人也好，最后的结果是在得到一点可怜的虚幻的安慰之后害了别人也害了自己。她的好友因为她三度搬家，她在华人青少年中掀起了迷信鬼神沉溺于自杀的风气，她也最终在自己的病榻上看见了那些所谓的“天使”，最终因为精神迷离而异常死去。

梦想带给了她生命中最美丽的绽放，也最终导致了她生命过早地凋零。梦是她一生的枷锁，至死仍无法解脱，留给她的家人、好友无尽的悲痛，留给热爱她的读者不尽的惋惜。

正如三毛自己所说的那样：“无论是短短的几日，长长的一生，哭、笑、爱、恨，梦里梦外，颠颠倒倒，竟都有它消失的一日。”但是一个人至少拥有一个梦想，有一个理由去坚强。心若没有栖息的地方，到哪里都是在流浪。

我只能说，睡吧，三毛，睡吧，世间的孩子。没有梦，就没有呜咽；没有梦，就看不到那五月的繁花。

希望来世还有你的身影，来世还继续做着你的梦。

盛开在委屈的泥土

她说："要一块田，四四方方的可以在上面种桃种李种春风。"

她说："如果有来生，要做一棵树，站成永恒。没有悲伤的姿势：一半在尘土里安详，一半在空中飞扬；一半散落阴凉，一半沐浴阳光。"

她说："彼此的品格和心灵才是门当户对的东西。"

她说："我只是要你知道，你爱的人我

也可以试着去爱。”

她说：“如果时间不能倒流，那就让这一切，随风而去。”

她说：“生命的过程，无论是阳春白雪，青菜豆腐，我都得尝尝是什么滋味，才不枉来走这么一遭！”

她说：“孩子和老人，在心灵的领域里，比起其他阶段的人来说，自由得多了。因为他们相似。”

她说：“岁月极美，在于它必然的流逝。春花、秋月、夏日、冬雪。你若盛开，清风自来！”

她说：“常常，我跟自己说，到底远方是什么东西？然后我听见我自己回答，说远方是你这一生现在最渴望的东西，就是自由。很远很远的，那种像空气一样的自由……在那个时候开始我发觉，我一点一点蜕去了束缚我生命的一切不需要的东西。在那个时候，海角、天涯，只要我心里想到我就可以去。我的自由终于在这个时候来到了。”

她说：“花开一季草存一世。”

她说：“大悲而后生存，胜于不死不活的跟小哀小愁讨价还价。”

她说：“有时候我们要对自己残忍一点，不必过分纵容自己的哀怜。”

她说：“我是一个像空气一样自由的人，妨碍我心灵自由的时候，决不妥协。”

她说：“开尽梨花，春又来。”

她说：“一刹真情，不能说那是假的。爱情的永恒，不只有一刹那。”

她说："洛桑是一个重要的起站，从那儿开始，我已是完完全全的一个人了，茫茫天涯路，便是永远一个人了。"

她说："那时我是一个美丽的女子，我知道我笑，便如春花，必能感动人的，任他是谁。"

她说："死都有勇气了，还怕活着吗?"

她说："世界上的夫妻，无非就是两件事，吃饭，和去赚吃饭的钱。"

她说："赠我一匹马，好让我万水千山都走遍。"

她说："人鱼为了爱情把鱼尾变成双腿，每走一步都像走在刀刃上，因为，爱情是疼痛的。"

她说："我避开无事时过分热络的友谊，这使我少些负担和承担。我不多说无谓的闲言，这使我觉得清畅。我尽可能不去缅怀往事，因为来时的路不可能回头。我当心地去爱别人，因为比较不会泛滥。我爱哭的时候便哭，想笑的时候便笑，只要这一切处于自然。我不求深刻，只求简单。"

她说："飞蛾扑火时，一定是极快乐幸福的。"

她说："世上的生命大多朝生暮死，而蝴蝶也是朝生暮死的东西，可是依然为着它的色彩目眩神迷。"

她说："如果我不喜欢，百万富翁我也不嫁；如果我喜欢，千万富翁我也嫁。"

她说："我从不刻意去交朋友。"

她说："我不吃油腻的东西，这使我身体清洁。"

她说："每想你一次，天上飘落一粒沙，从此形成了撒哈拉。"

她说："如果你给我的和给别人的是一样的，那我就不要了。"

她说："别把悲伤变成了形式。"

她说："夜来了，黄昏已近，巷内一家家华丽高贵的衣饰店看花了人的眼，看痛了人的心，繁华依然引入，红尘万丈，茫茫人世，竟还是自己的来处。"

她说："朋友即自由！"

她说："能哭，对活着的人来说，总是好事。"

她说："非常沉默非常骄傲，从不依靠从不寻找。"

她说："我倒是想骑匹骆驼呼啸着奔到镇上去。"

她说：……

她说了很多很多，这些连珠妙语，这些人生哲思，都是读者最喜欢她的地方。许多精彩之处，变为形形色色人们的座右铭，闪耀在不一样的人生轨迹中。

我最喜欢她赤着脚的照片，靠在旧旧的木门上，那种表情是无可替代的，那是最真实的她，也是最美丽的她。世界多么奇妙，我们从未与她擦肩而过，却能准确地掌握她言语中的脉搏，想象出她说出口时的语气与表情，触碰到她那段生活的余温。

而这些绽放的花朵，这些用热血铸造的语言，这些传奇女子的遗世礼物，就像最初的种子，却都是一个人生命中最不堪的回忆。人类所有的杰作都是在苦难中生长出来的。

而今，我们像怀念张国荣一样怀念着三毛，也怀念着“三毛还是二毛”的时光。我们为她铭记的这些句子，为她走遍千山万水，走向异国他乡，不正像是他们为他唱的那些歌，折的那些千纸鹤吗？

斯人已逝，我们却会为那些委屈里盛开的花儿感怀一生。三毛的一生颇多传奇，虽有许多人关心，却也有许多不为人知的心酸过往。

国小六年级那一次平白蒙受的冤屈，成了她一生里所有委屈的起点。那一次所承受的侮辱使她的心理变得极度的敏感脆弱，已经到了见到课桌椅、想到要去学校上课就会晕倒的地步。于是，她只有休学在家。

在家的日子亦不好过。她与世隔绝，是禁绝自己也是放空自己。然而母亲偷偷掉的眼泪，父亲每天下班后必然的叹息，兄弟姐妹憋着不说的校园趣事，都是她莫大的心理负担。这样的日子里，心中的委屈发酵得越来越膨胀，最后终于造成了日后这样的三毛：敏感、多思、孤独、多愁善感，甚至有人评价她神经质。

然而正是有了这样的经历，有了这样的秉性，思想的花朵才会绽放。综观古今中外，没有一位伟大的思想家不是从苦难里摸爬滚打出来的。无论是高尔基那三部自传性质的小说《童年》、《在人间》、《我的大学》，还是卡夫卡的小说中那一个个奇异变形的角色；无论是

《红楼梦》那由盛及衰的“满纸荒唐言，一把辛酸泪”，还是张爱玲那些绮丽缱绻的语言色调；无论是海明威作品里的那一个个硬汉形象，还是里尔克诗歌中那一缕缕忧伤迷离的情思，无一不是在苦难的土壤中生根发芽，最终归根落叶。

再多苦难，当遇到荷西这盏明灯之后，都变得微不足道了。直到有一天，灯灭了，三毛的生活被抽离了光明。一直支撑着三毛活下去的理由，是对爱的追求，是生命的燃烧。

当一生最深爱的大胡子留在那深深的海底之后，她五彩斑斓的世界变为灰白色，感情生活也顿时一片空白。荷西的离开，无异于夺去了她的灵魂。她的爱，仿佛都留在了撒哈拉。

在爱情和婚姻的美好花环被深沉而无情的海水所淹没之后，她再也没能找到拥抱生活的动力。

后来，全世界失去了她。幸而我们仍然拥有她的美丽故事，她的温暖语言。在那些字里行间散发的韵味中，我们寻找着自己生活与梦想的影子。

三毛的哀伤，三毛的倔强，三毛的自由，其实都源于她对生活的敏感。从这个意义上来想，如果委屈的泥土里，能够盛开如此有韵味的花儿，也是生之幸运。

人生有一些苦难，所感所悟就不会流于表面；有一些磨砺，所思所想就会深入骨髓；有一些波折，所呈现的样貌就不会只是外表的流光溢彩。

三毛的美，在于她的故事，也在于她的文字。在字里行间，我们可以隔着时空听到心跳的频率。如果可以，静静地坐在一个地方，一页一页地翻她的书，感觉就像有一个久未谋面的姐姐轻轻地向我讲述着一个古老而动人的传说，亲切，神奇，充满了憧憬和想象。就这样，一直翻到泪流满面。

她笔下的世界，有乐，乐得温暖；有甜，甜得透心；有涩，涩得无奈；有苦，苦得真实。

长进少女的情怀

雨季总是最让人心情不好的时候。一个又一个绵长难挨的雨天，阴沉压抑的天空，外出行动不便，男孩子没有办法在外面的空地上追逐打闹、嬉戏、打篮球甚至打架，女孩子也没有办法三五成群地在一起谈天说地、笑声朗朗。

这些缺点已经足够人们讨厌雨季，更何况雨季汹涌时多水患，呼啸时多台风，没有人愿意承受这样的天气。

于是，在什么事情也做不了的日子里，除了长大，就是长高。

于是，所有的东西似乎都在雨季里约好了，一同疯长。

田里的棉花疯长了，山上路边的蘑菇疯长了，竹林里的嫩笋疯长了，路头田地里的野菜疯长了……就连十二三岁的小女孩，遇着这雨季，也变魔术似的出落成一个大姑娘了。花季雨季都在疯长，却因为一时间长得太快，灵魂追不上来，所以难过的难过，迷茫的迷茫。

其实，这是一个多么正常的自然现象呢，可是大人们却好似自己不曾经历过似的，为我们大惊小怪、担惊受怕着。怕我们长不好，怕我们长不开，怕我们长过头，又怕我们长不到；怕我们一个人长得太孤独，又怕我们一群人长得太喧嚣；怕我们长得太好遭人算计，又怕我们长得不好被人奚落……

父母总是有这么多的心要担，总是有这么多的怕要受。而我们却自顾自地一往无前地疯长去了。长得上帝也笑了，“怎么造出这么些个家伙来”；长得父母也笑了，“怎么生出这么些个操心鬼来”；长得自己也笑了，“怎么变得这么着急的了”。

想来，三毛的雨季也是这样疯长着的。长掉了过去的阴霾，长进了少女的情怀。二毛就这样慢慢地长成了三毛。我们在这一时期看到的她写在《雨季不再来》里的文字，是多么的真挚拙稚而感人。

三毛曾经这样评价自己在雨季里疯长时写下的文字：“当三毛还是在二毛的时候，我之所以不害羞地肯将我过去十七岁到二十二岁那一段时间里所发表的一些文稿成集出书，无非只有一个目的——这本《雨季不再来》的小书，代表了一个少女成长的过程和感受。它也许在技巧上不成熟，在思想上流于迷惘和伤感，但它的确是一个过去的我，一个跟今日健康进取的三毛有很大的不同的二毛。”

“人之所以悲哀，是因为我们留不住岁月，更无法不承认，青春，有一日是要这么自然地消失过去。”

“而人之可贵，也在于我们因着时光环境的改变，在生活上得到长进。岁月的流逝固然是无可奈何，而人的逐渐蜕变，却又脱不出时光的力量。”

“当三毛还是二毛的时候，她是一个逆子，她追求每一个年轻人自己也说不出到底是在追求什么的那份情怀，因此，她从小不在孝顺的原则下做父母请求她去做的事情。”

“一个在当年被父母亲友看作问题孩子的二毛，为什么在十年之后，成了一个对凡事有爱、有信、有望的女人？在三毛自己的解释里，总脱不开这两个很平常的字——时间。”

“对三毛来说，她并不只是睡在床上看着时光在床边大江东去。十年来，数不清的旅程，无尽的流浪，情感上的坎坷，都没有使她白白虚度她一生最珍贵的青年时代。这样如白驹过隙的十年，再提笔，笔下的人，已不再是那个悲苦、敏感、浪漫而又不负责任的毛毛了。”

“我想，一个人的过去，就像《圣经》上雅各的天梯一样，踏一步决不能上升到天国去。而人的过程，也是要一格一格地爬着梯子，才能到了某种高度。在那个高度上，满江风月，青山绿水，尽入眼前。这种境界心情与踏上第一步梯子而不知上面将是什么情形的迷惘惶惑是很不相同的。”

“但是，不能否认的是，三毛的确跌倒过，迷失去，苦痛过，一如每一个‘少年的维特’。”

“我多年来没有保存自己手稿的习惯，发表的东西，看过就丢掉，如果不是细心爱我的父亲替我一张一张地保存起来，我可能已不会再去回顾一下，当时的三毛是在喃喃自语着些什么梦话了。”

雨季是多少文人墨客、多少普普通通的平凡人所怀恋而又唏嘘不已的年少时光。它是青色的，它也是青涩的，但它又散发着其他年龄段所不具备的特质与魅力。它没有小时候那么无知无觉，开始注意起自己与周围人的变化，开始注意他人的眼光，开始注意修饰自己，开始注意异性的微妙之处；它没有长大后那么功利，没有去考虑那么多的现实因素，没有去用形形色色的眼光看形形色色的人，没有哀愁浩荡的未来与消逝的青春。它是一枚青杏，还长在枝头，却已被所有人期待着它长成后的模样。

那么多的人在感叹它，那么多的人在缅怀它，那么多的人在用形形色色的形式再现它。

雨季到来时，人们黯然惆怅；雨季不再来，人们怀念神伤。改变一切的，只是时间。

然而，过去的毕竟过去了。每一个人生阶段都是这样：没有到来时的无知无觉，到来时的不知不觉，流失后的后知后觉。很多年以后再回忆起这一段往事，不知不觉就泪流满面了。

灵魂，骑着纸背，唱着歌

无论是童话故事、神话故事或是鬼怪故事里，都或多或少会提到人的灵魂问题。这个话题很神秘，也因此令人向往。人的灵魂似乎总是不由自己掌控，有的被狐仙掌握着，有的被藏在水晶球里，有的有小天使专门守护着……

而在很多没有水晶球也没有仙子没有天使的小孩子的世界里，笔和纸大概是他们唯一可以安放灵魂的地方了吧。从一篇篇稚嫩的日记开始，纸背上承载了他们所有的喜怒哀乐。

等到过了花季，过了雨季，走进充盈着淡淡哀伤的青春，纸背承载的已经不仅仅是喜怒哀乐这些瞬时变换着的心情，而是一个敏感多思的灵魂。

渐渐地，这一页页的纸张变成了他们的国土，那一行行的字便是遍居其间的臣民，而写着这些文字的人，都是一个个无冕之王。

还记得海子吗？那个还是个孩子便进入北大学习的孤独而聪敏的诗人，用自己的灵魂在纸上写下了一行又一行美丽的诗句。他把所有的热情与生命都倾注进他的诗里，最终他的灵魂也被诗带走了，山海关的火车隆隆地诉说着这个孤寂的灵魂。这个孤寂的灵魂诗意了整个山海关的铁轨，诗意了整整一代人的生活与梦。

还记得那个无冕之王顾城吗？那个浪漫得令所有成年人汗颜的诗人，那个天真无邪的孩子，那个总是戴着高高的帽子把自己封为童话王国的国王、童话城堡的堡主的人，那个一顾倾城的顾城，画了那么多的画，写了那么多的诗，最终那个本可以一辈子骑在纸背上当他的精神王国国王的灵魂，却永远消失在了新西兰的激流岛上。那是一个永远醒着、微笑而痛苦的灵魂，一个注视着酒杯、万物的反光和自身的灵魂，一个在河岸上注视着血液、思想、情感的灵魂，一个为爱驱动、有光的灵魂，在一层又一层物象的幻影中前进。

还有很多很多。海明威、川端康成、梵高等，那么多那么多骑在纸背上的灵魂最终都选择了自己结束自己的生命。也许只有这样，他们才会觉得欣慰一些——虽然遭受了那么多的委屈与苦难，但最终还是自己掌握了自己的生命，自己读懂了自己的灵魂。

三毛也和那许许多多骑在纸背上的灵魂一样，选择了这样一条道路，这样一条令所有热爱她的人扼腕叹息、悲痛不已的道路。三毛的父亲这样评价三毛的离去："我女儿常说，生命不在于长短，而在于是否痛快地活过。我想这个说法也就是：确实掌握住人生的意义而生活。在这一点上，我虽然心痛她的燃烧，可是同意。""三毛的作品，距离川端康成、海明威的成就还有一大段距离，但是也像他们那样走上了自决之路。"

这些灵魂的离去是我们所痛惜的，但是我们尊重他们的选择。骑在纸背上的灵魂是自由的、随意的、汪洋恣肆的，没有人可以干涉它。也许这才是我们真正热爱它的地方。

这些灵魂骑着纸背唱着歌，以独我之心俯视着这世间的一切。他们流浪着，有纸笔可倾诉的地方，便是家乡。

海子这样诉说着他的灵魂："我希望，我能做好自己的事，使灵魂净化，使年轻的花瓣飘逝时，留下果实，使生命不会因为衰老而枯萎。我要用我的生命铺一片草地，筑一座诗和童话的花园，让孩子们融合在大自然和未来的微笑中间，使人们相信美，相信今天的希望就是明天的现实，相信世界会爱上理想，会成为理想的伴侣。"

而三毛这样诉说着她的灵魂："不要问我从哪里来，我的故乡在远方。为什么流浪，流浪远方，流浪。为了天空飞翔的小鸟，为了山间清流的小溪，为了宽阔的草原，流浪远方，流浪。还有，还有，为了梦中的橄榄树，橄榄树。不要问我从哪里来，我的故乡在远方。流浪远方，流浪。"

而她也确实这样做了。她的灵魂骑在纸背上，她的身体却行走在世间的每一个角落。事实上，正是她带着自己的灵魂和身体一起上路，万水千山走遍，才可以在纸背上写出自己的灵魂。

亲爱的你，你的灵魂在哪里？你关心过你的灵魂吗？你希望你的灵魂嵌刻在哪里？

如果还没有，那么请你不要再犹豫，请你像他们一样，不管前面的道路多么艰难险阻，也要执意走出自己的灵魂。

第三章

人生：一路拾荒，一种快乐

爱上拾荒

在多数人的眼里，“拾荒”与“格调”是不搭配的，它只是一种低下的举动，是迫不得已的困窘，是乞讨的标签。

今时，人们的生活越来越像是结构相似的程序，少年埋身在电子游戏的世界里，成人迷失在华美的商品橱柜中。“拾荒”这个词离大多数人的生活很远，只有恨铁不成钢的小学老师有时会咬牙说句气话：“不好好学习，以后就去拾荒吧。”

如果说，脏兮兮的饮料瓶子，斑驳的工艺品，奇形怪状的石头，干枯的叶子与花瓣，都是人们眼里一无是处的垃圾，如此淳朴、空灵与纯澈，常常悄悄存在于不为人所注意的安静角落。它们或许扛不起繁华，担不住瞩目，可别人丢弃的，有时却恰恰是最值得珍惜的宝贝。

在还不懂得何为流浪、何为异乡的时候，三毛就爱上了拾荒。田间小径，街边巷弄，小小的身影便轻盈地穿梭其中。拾荒像极了寻宝，要有慢吞吞的脚步、灵动的眼睛和深藏心底的导航系统。小小的事物却可以带来大大的感动，即使是一个破旧的空香水瓶，或一只脏了的小皮球。

在一篇让老师大失所望的作文中，三毛这样写："我有一天长大了，希望做一个拾破烂的人，因为这种职业，不但可以呼吸新鲜的空气，同时又可以小街小巷地游走玩耍，一面工作，一面游戏，自由快乐得如同天上的飞鸟。更重要的是，人们常常不知不觉地将许多还可以利用的好东西当作垃圾丢掉，拾破烂的人最愉快的时刻就是将这些蒙尘的好东西再度发掘出来……"

"拾荒宣言"刚刚读了一半，老师微微颤抖的手已抄起了黑板擦，伴随黑影而来的还有怒气冲冲的话语："如果将来拾破烂，还要到学校读书干什么?"

大人的世界是难以理解的，可此时他们是权威，是主宰。最终，三毛重新写了一篇作文，将理想更改为成为一名医生。这种更改固然虚假，但换来了老师的谅解与高分。

喜欢将价值观强加给别人的人，是可悲的。他们不只目光狭隘，还缺少包容的胸怀。这样的人多了，形成一种毫无道理的社会规则，人们开始彼此同化，多数人就会丢弃掉儿时的梦想，不止将想法更改在作业本上，同时更改在了人生画卷中。

若干年后，在一只叫作麦兜的小猪的故事里，有人再次提起了这个主题。有人想当卡布其诺的吹泡泡员，有人梦想做鸡脚啃骨头师，阿 MAY 说救生员也是社会栋梁呀！原来，我们的梦想是如此多元，谁说只有科学家、医生、律师才是社会栋梁呢？若干年后，撒哈拉里走出的个性女子，成为整个台湾的文化符号，成为无数人追随的榜样。可她的洒脱与自由，不可不说，就是源自于最初的拾荒梦。

所幸三毛的拾荒梦想并没有被国文老师的黑板擦摧毁。她从儿时拾到了成年，从台湾拾到了撒哈拉。拾荒，成为三毛一生中难以割舍的闲情雅趣。

自由，这是拾荒路上最大的收获。可以随心所欲选择自己所喜欢的事物，不顾他人的诧异眼神，需要勇敢，也需要自信。在这条路上走得越久，独立判断能力越强，个人风格也越来越明确。

十三岁时，三毛爱上了木制的东西。无意中看到家中女工坐的木头墩，竟酷似复活岛上的人脸石像，她为之叹息着迷，找来一块空心砖与女工交换，把这身边的宝贝抱回卧室供了起来，女工一脸愕然，不知道三毛这是怎么了。

另一次，三毛在路上看中了一桩树根。尽管它又粗又重，但瘦小的三毛仍使尽力气将它扛了回去。一路上，行人侧目，投以不解的目光，可三毛心里却乐开了花。她把那树根摆在卧室里，时常观赏把玩。

三毛一路拾荒，从台湾到西班牙，又到撒哈拉沙漠。她不仅拾回些工艺品，还改装了许多生活中用得到的东西，比如自己缝制的娃娃、比基尼游泳衣等等。

拾荒，是不带任何功利的喜好，它随意、轻松、散漫、自由，带有一种流浪者的快乐。永远不知道自己会遇见些什么，生活充满了小小的惊喜，也充满自己创造的乐趣。它与现实的关联很小，所以美丽。

三毛说："拾荒人眼底的垃圾场是一块世界上最美丽的花园。"在撒哈拉，她居住的地方面对一大片垃圾场，令他人崩溃的现实，却成了三毛的快乐之源。她喜欢在她的"花园"里随性游览。

她将腐烂的羊皮改造成舒适的坐垫，在风格各异的大小瓶子插上怒放的野地荆棘，将报废的汽车轮胎改成圆椅垫。自由的组合，但没有简单堆砌，每一个细节都带有三毛的独特味道。

1987年，三毛在《我的宝贝》一书中展出了自己钟爱的一部分"杰作"，每一件物品都是大自然的恩赐，并带有当时的记忆和温度，有首饰、日用品、衣物，它们来自世界各地不同的国家，背后隐藏了一个又一个美丽的故事。

众人趋之若鹜的，未必是圣物；众人轻易遗失的，或许是无价之宝。拾荒是一种价值观，代表自在与洒脱。拾荒路上充满未知，也就充满惊喜。如果少了天马行空，人就变得空洞而无趣，现实而苍白。

成长是一场梦。梦里梦外，三毛都是拥有原始快乐的拾荒人。因着她的快乐，我们的记忆重返，还原了心中的初始渴望。这快乐，可以战胜一切人生虚无，纵是黄金，纵是虚名，纵是王位。

傻子，旅人

人们对于烂漫的定义，往往是天真无邪，活泼粲然，比浪漫多一点童真，比天真又多一点情怀。而傻子，也许是对行事缺乏思考者的讽刺，也许是对智障者的蔑称，也许是对亲人的昵称，还也许是对烂漫者的嘉许。

在现代社会，要做一个烂漫的傻子并不容易。你要有一颗赤子之心，你要能将名利权势置之度外，你要不为五斗米折腰，你要学会不怨天尤人，你要学会随遇而安。并没有一块净土可以像陶渊明所描绘的世外桃源一样让你栖息，也没有那样一块大洋中的小小土地如激流岛那样可以容纳像顾城一样的无冕之王……

可是，对于许多心怀梦想的年轻生命来说，有多少人向往这种烂漫的傻子的生活方式呢？那么，我们从哪里寻找这种情怀呢？

我想，像三毛这样的旅行者给了我们很好的启发。

每一代人有每一代人的浪漫方式，三毛的远行也许恰好圆了那些身在故乡心却在外漂泊的渴望羁旅之人的心愿。也许这也是她被无数人追捧的原因之一。但是，三毛给我们的影响远不止于圆了一代人的梦，她的意义更多地是给了无数后人踏上通往远方的路途的勇气。她给了所有人榜样与力量，告诉他们只要心中有梦想，做一个烂漫的傻子也是值得的。

事实上，那些烂漫的傻子的生命往往比所谓的“聪明人”更有意义，因为只有怀有一颗赤子之心，愿意做一做烂漫的傻子的人，才称得上是一个真正的智者。

大智若愚，大巧若拙。

没错，旅行是很多烂漫的傻子会选择的生活方式。不用关心柴米油盐酱醋茶，不用苦心经营那些人际关系，可以去经历自己想经历的风景，可以去行走自己想行走的路途，可以去涉足自己想涉足的远方。

在旅行的过程中，你的心灵是自由自在的、无忧无虑的、宁静无纷扰的。你的烂漫可以被人们所接受，因为你所遇见的人们，都没有像固有社会里的人那样被死板地定义下来，他们也和你一样怀有一颗赤子之心，对世界充满好奇与热情，对人充满真诚与爱心。

他们也正怀着和你一样的赤子之心，遇到同样烂漫的你，他们是多么欣喜呢！也许他们还会轻轻地嗔怪一句："怎么来得那么晚呢？"但是你们相视一笑，心意相通，然后拾起行囊，轻装简骑，向下一个天堂出发。你们一路欢声笑语，偶尔也会又哭又笑，笑着笑着就哭了，或者呢，哭着哭着就笑了，像疯子，像傻子。但是你们是多么开心呢，多么满足呢！

你们毫不顾忌路人的眼光，一路欢笑，一路流泪，一路看遍世间的风景。你们仔仔细细地收集着每一个相遇的事物，像一个拾荒者一样，满蛇皮袋子装着在世人看来毫无价值甚至肮脏污秽的东西，但是你们不管，因为在你们自己看来，这才是人世间最可宝贵的东西。

你们也像魔法师一样收集旅途上的欢笑，收集偶遇者的辛酸过往，收集世界各地的童话故事，收集每一寸土地上的阳光雨露，每一方天地间的春夏秋冬。

你们有着无边无际的大旅行箱，可以装下所有你们收集的东西。这个大旅行箱是非你们这些烂漫的傻子而不会有的，更不会理解的。当别人用异样的、不可理喻的眼光上下打量你们时，你们在心里偷偷地笑了。他们心里装满了权力、欲望、金钱、地位、美色，怎么还能腾出地方装旅途上的美好风景呢?

而你们不一样，你们的心随着旅途的增长而越来越宽广，你们的胸怀随着时间的打磨而越来越博大。你们可以装下越来越多的东西，但是你们也会有所选择。在你们看来，那些属于世人的东西所占的内存太大了而又毫无用处，要是遇上这类东西，你们会毫不犹豫地抛弃它，把它抛到九霄云外去。

时间一天一天地过去，你们的烂漫日甚一日，你们的傻与痴也在世人眼里日甚一日，而你们毫不在乎，因为你们比他们收获了多得多的东西。你们比他们更快乐，更幸福，更有满足感；你们比他们年轻，比他们更丰富多彩，比他们更懂得人生的意义。

经过了一站又一站的旅途，你们已经不再是刚出发时那样的小毛孩子，你们依然怀着赤子之心与烂漫情怀，但是你们学会了宽容、博爱、豁达，学会了处变不惊、苦中作乐，学会了坐观天上云卷云舒、闲看庭前花开花落。你们所有拾荒得来的东西，到最后都变成了你们宝贵的无形的财富。从这一点上说，你们还是个经验丰富、眼光长远的投资家呢。

你们收获了那么多，但是没有骄傲，没有自大，你们带着一贯的谦和与平易过着你们的日子。也许有一天，你们觉得收获得足够了，要停下脚步来歇一歇。那又何尝不可呢？你们会体会到和行走时完全不一样的风景。

你们会发现，原来是云不动你们动；而现在，是你们不动云动了。你们会发现，原来是风声雨声甚至呼啸声风风火火马不停蹄奔跑而来；而现在，是你们敏锐的感官捕捉到了那些蝉鸣，那些汩汩流淌的山涧溪水声，那些古刹晚钟声，那些雪花飘落的声音，那些夕阳西下的声音，那些大自然细腻美妙而又喷薄激荡呼之欲出的声音。

你深深地被感动了，被征服了。你的热泪夺眶而出，不是因为孤单，不是因为寂寞，不是因为在大自然面前你那么渺小——而是因为你感受到了比以往风里来雨里去更真实的生命的伟大力量。

你感动得热泪盈眶，然后你放声大哭，你号啕大哭，你捶胸顿足，你痛哭流涕。你把这一辈子拾荒得来的感动完完全全地释放出来了。你觉得心满意足，你觉得自己仿佛又获得了另一次生命，另一次更为强大的生命。

你真真切切地感觉到了体内磅礴涌动着的力量，感受到了生命的律动。这是比任何一种宗教、比任何一位神灵都要强大的力量。你深深地被它征服了。你匍匐在它脚下，你要比任何一位教徒都虔诚地拂去它脚尖的土，你要满含热泪地亲吻它。你要一步一叩首地朝圣般地来到它面前，然后你抬起那满是热泪的面庞，深深地对它鞠躬。

不，那都还不够！你在那一瞬间下定了决心，你要把全部的生命、全部的青春与热血奉献给他。你小心翼翼地，心内怀着巨大的欣喜与紧张，把自己奉献给他。你是一个崭新的生命，是一个升华了的、净化了的生命。

你是多么多么地感谢这一切。你感谢上苍给你生命，感谢宇宙给你一个这么奇妙的大自然，感谢这一生旅途的奔波。但你更要感谢你自己。这世上你与他人共有一个自然，你与其他千千万万个生命一同存在，可是为什么只有你感受到了这种伟大的力量？这当然要感谢你自己。你当初选择了前方，不顾风雨兼程；你当初不顾世人的眼光，坚持做一个烂漫的傻子；你当初立根在破岩中，咬定青山不放松；你当初……

是的，要感谢你，要感谢你。不但你要感谢你自己，连上苍都要感谢你，宇宙自然万物都要感谢你。不要惊讶，这是你应得的。这个世界诞生了千千万万年，要等多少个轮回才能遇见像你一样虔诚的信徒？要等多少个轮回才能遇见像你一样的知音？要等多少个轮回才能高山流水伯牙子期？要等多少个轮回才能有这样一个在那么一瞬间热泪夺眶而出、痛哭流涕得捶胸顿足的你？

你也许不知道吧？对呵，你不知道。在你热泪盈眶的那一刻，这个你所感动的自然比你流了更多更多的眼泪，捶了更多的胸，顿了更多的足。你们在那一刻是紧紧相连、紧紧相拥的，在以后的千千万万个时刻里、流年里，再也没有东西能将你们分开了。你们都是幸福的，无与伦比的幸福。那是那些在尘世间蝇营狗苟的人无法企及的幸福，望尘莫及的幸福。他们只有仰望，甚至连仰望都不配。

然后有一天，你老了，你累了，再也走不动了，甚至听不见看不见这大自然恩赐的一切。你的听力、视觉、嗅觉、味觉、触觉五官全都退化了。你再也没法像年轻的时候一样肆意奔跑前行了，但是你仍是宁静地、心无旁骛地幸福着。有那么一瞬间，你想家了，想念那些亲人、朋友，想念那么多年来去过那么多远方却唯一到不了的那个远方——家乡。想念那些熟悉而又陌生的房子，以及邻人、街道、菜市场甚至陌生人。想念那些早已模糊了的音容笑貌。你又一次像一个孩子一样地痛哭流涕了。

这个时候，没事的，会有许许多多其他人，像你一样一辈子做着傻子梦的旅人，走近你，拍拍你的肩膀，摸摸你的头，抱抱你，擦干你的眼泪，然后轻轻地对你说："没事的，孩子，回家吧，回到最初的美好。"然后他们走了，走过你身边，走远了，远了。等你抬起头来想用婆娑的泪眼找寻他们的时候，他们的身影早已消失在地平线之外了。你看到地球尽头的那一抹彩虹，彩虹上是你五彩斑斓的家乡。于是你不再号啕，你止住了哭泣，你流着泪微笑着，你终于知道，你的家乡没有怪罪你的"背信弃义"、你的"薄情寡义"。它以一个宽容祥和的老人的姿态欢迎你的回归。在它的眼里，你永远是一个孩子，家门永远为你敞开。已经垂垂老矣的你咧开了一口豁牙的嘴满足地笑着。你做了一辈子的傻子，最后终于可以像一个傻子一样回到这个尘世间最温暖的怀抱。

你的皱纹慢慢舒展，眼角渐渐地合闭。你像一个孩子一样地睡着了。你的一生就这样子结束了，最后尘归尘、土归土。而这个世界上每一个旅人都会知道，这个世界上每一抔黄土，都有你的灵魂。

你的夙愿最后是完成了。每一个旅人都背负着你的家乡的嘱托，把你的骨灰带向世界的每一个角落。大海里有你，江河湖海里有你，北国的雪地里有你，浑黄的大漠里有你，天苍苍、野茫茫的草原里有你，寒冷寂静的西伯利亚有你，流淌着生命印记的庄稼地里有你，埋藏着无数神秘过往的黑森林里有你。

你无处不在。你得逞了，整个世界都是你的。烂漫的傻子，你是这个世界上最高贵的国王，你是这个宇宙里最纯粹的精灵。

孩子，你得逞了。孩子，我们永远爱你。

沙漠里的一株奇葩

有些时候，简单，或许就是一种幸福，一种富有。

如此的他们，不用去想得太多，不用去担心得太多，不用去考虑得太多。只要，他们想做自己心中的事，抒自己感受到的情，便会无比的幸福。

这样的幸福，简单易得，却也来之不易。因为并不是所有的人，都能如此的简单。而这种简单，却也是人生当中的一种财富。

世间之事，总是那样复杂，那样繁多，那样让人喘不过气，那样让人力不从心。而我们，也都难逃这样的凡尘俗世，因为我们活在这个世界上，就要感受周遭的一切幸与不幸。

茫茫宇宙，我们就像是一粒尘埃，显得如此的微不足道。我们改变不了世界，改变不了他人，我们唯一能改变的，就只有我们自己而已。

让自己变得简单，变得烂漫，变得富有。如此，我们的身心与灵魂才能自由自在、无拘无束，而我们的灵魂也会变得富有。

那个天真烂漫的傻子，恐怕就是这个世界上最富有的灵魂了吧。他拥有了自己，拥有了自己的生命，拥有了无可比拟的幸福与力量，拥有了家乡的等待、宠爱与宽容，拥有了这个尘世间其他旅人的陪伴，拥有了这个世界，拥有了整个世界对他的感谢，拥有了一顶有着无上荣耀的王冠。是啊，这是一个多么富有的灵魂啊！尘世间的一切功名利禄、金钱权势在他面前都变得黯然失色、毫无光彩了。这该是一种怎样的伟大与充足？

三毛，一个多少人都爱慕过的女子，一个多少人都怜惜过的女子，她是多么的幸运、多么的幸福啊！她就像是沙漠里的一株奇葩，而她，也是那极少数最富有的灵魂之一。世间之大，广阔无垠，天地苍茫，无论走在哪里，身处何方，似乎都有她的影子隐隐存在。从她呱呱坠地之所重庆，到长大之地浙江、上海，到安家落户之乡台湾，再到后来拾荒遍野的西班牙、德国、美国、撒哈拉……

后来呢？后来，她又落叶归根，回到了久别的大陆，从东到西，从南到北，从国外到国内，归心似箭，心心念念地踏遍了这滚滚红尘。而最后的最后，这颗富有的灵魂消逝在了深夜医院的卫生间里。

这是一个富有的灵魂，一个富有而又孤独的灵魂。

想来世间之事也是大抵如此吧。越是富有，就越是孤独，无论物质财富还是精神财富，都是如此。只因为物极必反是人们逃脱不了的宿命。

物质富有的人，家财万贯，对市井小民嗤之以鼻，独自一个人守着那无尽的宝藏，对所有人都戒备森严。在他看来，亲情，会成为财产纠纷的借口；友情，大多是为了觊觎他的财富；爱情，更是金钱铺垫出来的金光大道。所以，这样的他是孤独的，因为他从来不会相信任何一个人，纵然这个人是他的亲人，是他的朋友，抑或是他的爱人，他都不曾给予任何的信任。

他就像那只希望占有月亮的兔子一样，敏感无助，患得患失。金钱不在时，他努力赚取金钱；金钱在时，他会希望自己赚取得更多；金钱多得足够他花几辈子时，他又整天担心这些自己积攒下来的财富会在某一天被人夺走。他像个吝啬鬼一样保卫着自己的财产，一分一毫都不让人占去。到最后，他只能孤独地死去，没有温暖，没有感情，没有安慰，有的只是金钱，只有这生不带来死不带去的钱啊。这些金钱，多得够他花好几辈子的了。可是，他的生命却因为这好几辈子的金钱而更加的短暂。他的生命最终像太过绚丽的花朵一样，迅速地枯萎凋零了，只留下一朵丑陋的干枯的花朵和那腐朽的铜臭味。

精神富有的人，学富五车，汗牛充栋。他是个走在时代前面的人，马不停蹄地绝尘而去。没有人追得上他，于是他孤独地行走在这尘世间。对于那些世俗的热衷于功名利禄的人，他不屑一顾。但是细细想来，占据尘世间的却大抵都是这样的人。

于是，他的朋友异乎寻常得少，亲人也并不理解他，追赶不上他的马车。爱人呢？为了他拼尽全力，承受了尘世间无形的巨大的压力，他却无以为报。那一汪澄澈无言的清泪代表了他对这个荒凉世界最大的不满与愤懑，也满含了他对理解之人的感激。但是到最后的最后，绝尘而去的毕竟还是他，选择自由地将自己放逐在这个人世间的毕竟还是他。所以，上天注定孤独地走完一生的人，也必然是他。他告别这个世界，眼角灼热，内心荒凉。

三毛又是何其不幸呢？她或许是属于后一个世界的灵魂。前半生，她把自己禁闭在小小的房间里，敏感多思，博览群书。也或许是从那个时候开始，她的财富便日积月累，逐渐增多。而中间青春年华的时候，她却把自己放逐到世界各地，只身一人到一个没有人认识的地方，开始了自己的一段崭新的生命，也积累了新质、新量的财富。

在这段追寻新生命的过程中，她意外地遇见了另一个物质赤贫、而精神却极其富有的灵魂——荷西。于是，后来的日子，他们一起相伴走过。卷地扬起的黄尘，是他们共同扬鞭策马的结果。而再后来，荷西却在梦想的旅途中翻身下马，永远地离开了这个他深深地热爱着的世界和那个他深深地爱恋着的三毛。

那样的时光，那样的岁月，三毛看见了撒哈拉的海，而那海，曾是荷西给予她的。只是，如今，荷西化为一道蔚蓝色的海平线，消失在那无边无尽的另一边，只留下一个孤寂无依的灵魂，独自漂泊，宛如浮萍。于是，后半生，三毛开始了回乡寻根的孤独旅程，这何尝不是一种新的积累。这一段段积累的财富是看不见、摸不着的，但却是每一个富有的灵魂都能深切感受到的。

这个富有的灵魂，这个热情洋溢的灵魂，这个每时每刻都在燃烧着自己的灵魂，却在人生的最后几年被这个凡尘俗世榨干了所有的心血。她把她灵魂里的所有财富都一字一句地用心雕琢出来，奉献给了世人，供他们享受，但世人却依旧贪婪地叫嚣着不够。

于是，她快马加鞭地将她一生的财富都如数地抖落了出来，就这样赤裸裸地呈现在了世人的面前，供世人指指点点，任凭他们评头论足。唏嘘也好，泪落也好，这些曾经的富有，如今都已经成为他人眼中的财富。

最后的那些日子里，这个富有的灵魂一度废寝忘食，整日整夜地不睡觉，神魂颠倒，迷神信鬼。最后，她终于病倒了，她累了，倦了。

终于，她将她的所有财富都掏空了，终于，当她再没有什么可以供世人肆意挖掘的时候，她安静了下来，低沉了下来。仿佛，她看见了美丽纯洁的天使；似乎，她听见了爱人荷西的絮絮低语。她终于随风而散了，这个富有的灵魂，将她的最后一点财富都毫无保留地给予了这个人世间。每一阵微风吹过，都是这个富有的灵魂在说话。

她说，走吧，走吧，年轻的灵魂，富有的灵魂，都去流浪，去流浪，流浪远方。

心灵在路上

灵魂是需要行走的，因为不甘寂寞，因为不甘孤独，也是因为不想原地驻足而已。原地的风景再美好，再留恋，时间久了也是一成不变。倘若烦腻了，厌倦了，那么心中的悸动就会驱使自己的灵魂想要到外面的世界去瞧一瞧、看一看。

多姿多彩的世界，总能给予灵魂深深的慰藉；千变万化的人世，总能让灵魂心生向往。人情冷暖，世态炎凉，酸甜苦辣，这些世间普通得不能再普通的东西，都是灵魂需要体会、需要感受的。或许，那行走的路上，也会遇到同自己相像的另一个灵魂。从此，相见恨晚，以后，相依相伴。

所以，那些最富有的灵魂，就是一直行走在路上的灵魂，就是那些不会原地驻足的灵魂。

漫漫人生，就是一条没有尽头的路途。短短数十年，岁月匆匆，一晃而过。而路上的人们，却要一步一个脚印地途经行过。这条路上，是没有回头路的，我们也只能一直向前，向前……我们永远走在前进的路上，感受着前行的力量，欣赏着途中的风景，回首着过往的曾经。只是，当我们偶尔心生厌倦，想要回过头来看一看自己从前留下的脚印与踪影的时候，也只能内心感慨无限，然后，继续地在路上，在路上……直到生命的尽头，这条路也就没有了前行的方向。

人生的路上，有的人一路前进，一路收获芬芳；有的人一路前进，一路播撒希望；有的人一路前进，一路回头看；有的人一路前进，一路向前望；有的人一路前进，一路高歌；有的人一路前进，一路呜咽；有的人一路前进，一路感恩戴德；有的人一路前进，一路心生怨怼……

于是，有些人的路，越走越宽，有些人的路，越走越窄；有些人的路，越走越美好，有些人的路，越走越荒凉；有些人的路，越走越镇定，有些人的路，越走越慌张……

我们每一个人，都一直行走在路上，每时每刻，就这样一直一直行走在路上，行走着，奔跑着，跳跃着，虽然方法不尽相同，但的的确确是在路途之中。可不同的是，我们每一个人的路都是不一样的。也许是从一开始，前人给你留的路就是不一样的，如此罢了。就像有些路，是阳关大道；而有些路，则是羊肠小径；有些路，坎坷不平；有些路，曲径通幽。路途不同，路上的风景也就不同，我们所经历的也就不同，心中的感慨也就不同。

确实，这个世界没有完全的、绝对的公平可言。但是，我们通过后天的努力，是可以改变许多东西的。这种力量是神奇的，是诧异的，就像那弯弯绕绕的羊肠小道，也可以开满鲜花、结满果实、遍地芬芳、阳光明媚；而那光亮透彻的阳关大道，也会有风雨雪霜、崎岖曲折、荆棘满布、寂静荒凉。这一切的一切，最后的最后，所有的结果都在于我们的心态以及我们的灵魂。

如果你选择努力成为一个拥有富有灵魂的人，那么弯曲的羊肠小道也会成为透亮的阳关大道，从此，你留给后人的就是你一辈子的心灵的财富；如果你因为拥有先天的优势而不加努力、不加呵护的话，那么，即使是阳关大道最后也会成为曲折的羊肠小道，从此，你留给后人的也许就只剩下一段不堪回首的过往而已。

做一个英姿飒爽的人，做一个一往无前的人，做一个行走在路上的人，用现在的话说，就应该是这样的——努力去做一个温暖的人，你可以不倾国，可以不倾城，但你需要以优雅的姿势去摸爬滚打、奋力前行。这样的人，即使是刚从污浊的泥水地里爬起来，我们也会觉得他是如此的光芒万丈、身躯伟岸。

其实，生活中的绝大多数人还是喜欢做一个一往无前、一直在路上的人，这一点，从海峡两岸对三毛掀起的狂热的崇拜就可以看出来。三毛，就是一个一直在路上行走的典型代表。大家对三毛的爱有多深，就可以看出大家对自由永不停息的灵魂之爱有多深。

不光是三毛，环顾时下，对于那些依然在路上的流浪者，大家都是抱着近乎神圣的态度去面对的。无论是双脚在路上，印遍足迹，还是心灵在路上，看遍山水。

四月离开的哥哥张国荣，牵动过多少人的情丝与心魂。每一年，每一年，都有无数的人在缅怀、祭奠，只为着那一份永远在路上的没有止境的爱。

六月离开的黄家驹，请人们原谅他。“一生不羁风中爱自由”的黄家驹，对人们诉说着“也会有一天怕跌倒”的黄家驹，最终死在了异国他乡，最后没有一句留给时间与心灵的话。就这样，他静静地走了，轻轻地去了。他走了，beyond 乐队也随之解散了，渐渐地沉寂无声、销声匿迹。尽管如此，那些所有热爱自由、一直在路上的人们却依旧默默地支持着这个曾经让他们风魔的乐队，以及那些曾经让他们敬佩崇拜的歌手。所有的人，都在默默地缅怀着这个归期遥不可及的旅者。

三月离开的海子，魂牵梦萦着多少人的人生。那一颗不羁的永远在寻找宿命的出口的灵魂，终于在山海关的铁轨上撞得头破血流、血肉模糊。

但是，所有人都在为这个没有名头、没有来由的生命守护着、论辩着，所有人都在陪他一起等待着杳无音信的下一次的春暖花开，只因为心中想要与他一起感受着面朝大海的宽慰与广阔。

十月离开的顾城，在疯狂地选择了杀死自己最深爱的那个人之后，选择了自杀。在激流岛上，在南太平洋上，那个痛苦而错乱的灵魂，引起了无数人的扼腕、探寻。但是无论如何，大家仍然都在卫护着这个童话诗人，这个戴着王冠的孩子，这个孤寂无奈的灵魂。

行走在路上，去感受那些风吹雨打，去欣赏那些莺歌燕舞，去看那花开花落、云卷云舒。一切，都因为在路上而美妙至极。一直在路上的人是幸福的，因为他一直都有满腔的烂漫情怀，一直都有一颗宝贵的赤子之心，一直都有做傻子的倔强、勇气与坚持，一直都有不停的相遇，一直都有对自然与生命的新鲜奇特的感悟。

所以，三毛是幸福的。尽管她最终选择了一个人离开这个纷繁复杂的世界，以这样决绝的方式，以这样残忍的方式，让那么多热爱她的人心伤而不知所措，对未来失去盼望与信心，让深爱她的、为她操碎了心的父亲母亲痛彻心扉地白发人送黑发人。但是，也正是这样决绝、残忍的方式，对于她来说，恰恰是最适合她的方式。因为这样灵魂一直在路上的生活，是一种坚持，一种方式，但并不是所有人都会懂得她的这一种选择，甚至包括她的父母、兄弟、姐妹等，也是如此。

曾经，荷西陪她一起走过一段难忘的温情岁月，然而这个路上遇到的灵魂很快就逝去了。于是，没有了他的陪伴，孤独的她又是一个人走在前行的路上。独自默默地行进着，行进着，一个人感受着一切，一个人体会着所有。虽然日子是一往无前的，虽然时光是无法逆流的，但是心，却总是在眷恋着过去，留恋着往昔。

这样的矛盾与挣扎，时间久了，就需要做一个了结。于是，三毛决定做一个决断——到底是为了大众读者、为了父母亲人朋友继续心不在焉地往前走，还是依照自己的意愿，走在属于自己的世界，走到荷西的怀抱里去？

显然，三毛最终还是选择了后者，带着对许许多多人的愧疚，走到荷西的身边，走到荷西的心里，走到另一个世界。她的生命虽然最终静止了，但她的脚步却在催着千千万万的人奋进前行。

就这样，她一直在路上，永不停歇。

第四章

故乡：一路流浪，一路歌

年华里的炫舞

参加一次五光十色、珠光宝气的梦幻舞会，曾经是多少年轻女孩的梦想。穿上细细高高的鞋子，穿上华丽的晚礼服，化上精致的妆容，慢慢踱着步子，看着人们说笑、舞蹈，轻轻啜饮着酒杯里的酒，独自沉醉。作为一个公主般的女子，在梦幻一般的青春里，为什么不去参加一次梦幻的舞会呢？那里有眩晕的璀璨灯光，有洋溢的青春热情，有迷乱曼妙的舞步，有华丽盛装的衣裙，有人生最灿烂的青春年华。也许，你并不会各种专业的舞步；也许，你根本听不懂各种交错的舞曲；也许，你也并不认识身在其中的其他青春的脸庞。但是，你在了，你毕竟到过、经历过。当晚年回忆起来的时候，那会是使你嘴角上扬的记忆，会是使你沉浸的美好过往。

三毛也曾经纠结过：一个人在异国他乡，父母辛苦挣钱供她在外花费，还时刻担心她、挂念她，在这种情况下，自己却“混迹”于各种舞会，跟各种人交往，甚至还学会了抽烟喝酒，这样开放的她与在国内的时候简直判若两人。如若是她的父亲母亲知道了，该会是怎样的一种辛酸和难过呢？

于是，三毛选择了隐瞒。书信仍旧是一封一封地写，告诉家里自己的近况，诉说着自己的喜怒哀乐。但是，她却绝口不提自己参加大大小小各种组织的舞会，去各种夜生活的场所，会抽各种烟喝各种酒。这，就是所谓的善意的谎言了吧。只是这样的谎言，虽是谎言，却也是出于无奈。

三毛也是没有办法的。在中华民族传统的文化氛围里，对于长辈、父母、家人、亲人，自己作为一个晚辈、女儿、家人、亲人，自然是要担负起自己应尽的孝道，肩负起自己应负的责任。学会为父母分担重任，学会独立，学会自力更生，在异国他乡不要令父母担心，这也是为人子女的一种孝道。三毛也不是不明白这一点，但是，身处这样开放的国度，沉浸在这样放肆的青春里，如果不去做一些在青春年华里应该做的事情，却要去早早地挑担子，这些并不是三毛所乐意做的事情。即使是勉强自己做了，垂垂老矣之时也必然会对这一段时光感到扼腕叹息的。如果真的是那样，与其事后悔恨不已，倒不如当下及时行乐。

这是青春里的三毛最单纯，也是最坚持的想法。虽然她知道不能为了自己一个人而活的，但是她坚持要为自己过一段精彩的、独一无二的人生。

虽然社会在有些时候很现实、很实际，让我们不得不在青春年华里就为自己将来的日子做打算、做铺垫，用长辈的话来说，是先苦后甜。可是，即使我们时时刻刻都在奋斗拼搏，如果一个人的青春一点梦幻都没有，那么这样的青春又有什么意义呢？也只不过是挂着青春的“招牌”而已。

有时候累了，盲目地奋斗久了，坚持久了，就静下心来吧，停一停你的脚步，歇一歇你的灵魂，不妨竖起自己的耳朵，用心去听一听这个世界的声音。你会忽然发现，原来这个世界除了担子，除了金钱、权力、地位、人际关系，还有许许多多其他的东西值得我们去欣赏、去观看。

你会发现，那场下了许久的雨，不知道什么时候就这样停歇了，雨霁天晴，阳光明媚地洒满整个午后，洒遍你周围的整个世界。

你会发现，下了一季的雪停了，不知何时春天悄悄地来了，结在路面上的冰开始化了，起先是悄悄地化，似乎是为自己一个冬天的顽固不化而害羞，而后便是趾高气扬的了，化水声像山泉一样叮咚作响，汩汩地在地面上四处流淌，流进你的眼睛里还不够，还要流进你的鞋里，你的脚里，你的身子骨里，以至于你的心里。是的，如此地肆无忌惮，是想要告诉你，春天来了，你这颗为了未知的未来拼搏奋斗、担忧焦虑的心也该停下来了，歇一歇吧，让心里久积的尘埃也像这冰雪一样地融化了，化成无色无味无形的水，流到不知名的、没有人关心的地方去。

你看啊，绿荫场上的雨雪停了之后，金灿灿的阳光洒在草地上，洒在那绿茵场上奔跑的青春年华里，是多么的和煦、多么的温暖啊。你看啊，在春日的阳光下发出银铃般的美妙笑声的孩子们，她们嬉笑追逐着，对大自然的一切充满了好奇，那一双双乌黑发亮、天真无邪的眼仁里，难道也会有重重的、现实的烙印吗？

你看啊，那低头坐在餐桌前的老人，你以为他在沉睡吗？还是在发呆？不是，都不是。你不会想到，他是在捧着一本厚厚的字典认真翻阅。这是多么强大的青春力量啊！为什么要等到时光流逝、年华老去才感叹岁月蹉跎呢？为什么不在自己最好的年华里把握好青春，把握好生命的律动呢？世间之事，该做什么就要在这段时间里去做什么，不要等到人已老矣才去后悔感叹，那也只能是徒劳。

年轻，就是你最大的财富，是你冒一切险、做一切事的资本。一个不停摔跟头又不断爬起来的年轻人赢来的只会是他人赞赏的目光、自己满足的幸福感，就算是疼痛也是快乐的。而如果你将自己早早地封闭了，像一个套中人一样在年轻的、绽放的生命年华里开始收缩凋萎，并不会有人尊敬、赞叹、期许，更多的则是不理解、不支持与扼腕叹息，而你自己也将陷入一个狭小的、无声的黑白世界里，孤独终老。

很多时候，青春就是应该拿来挥霍、拿来放肆、拿来张扬的。每个人生阶段都有每个人生阶段该做的事情，我们没有必要让自己提前进入下一个甚至是下下个人生阶段，过好这个阶段该过的日子，做好这个阶段该做的事情才是我们最重要的事情。青春里的男生就应该打篮球，青春里的女生就应该跳舞。先暂时放下这个社会加诸于我们的担子，做自己就好。

梦幻的舞会是我们的青春有权利拥有的，这是我们每一个青春都拥有的、与生俱来的权利，没有一个人可以肆意剥夺、无情占领。梦是每一个青春都有权利做的，无论现实多么残酷，趁着我们还年轻，多做一些五光十色、光怪陆离的梦吧，不然等到青春不再时，我们连梦都没有权利再做了。即使我们不会那些舞步，即使我们不懂那些舞曲，即使我们不认识那些舞伴，我们也有权利去做梦，做一场只属于我们自己的梦幻舞会。

三毛选择了为这场盛大的青春年华里的梦幻舞会赴汤蹈火、在所不辞，那么你呢？

三毛曾经说过，飞蛾扑火的时候，必然是极幸福的。我想我们都是一样的吧？

分离，相聚

有多少人会选择独自旅行？有多少人会选择结伴出行？又有多少人会选择与家人同行？与朋友，或者与爱人？还会有多少人，之前是独自一人，后来遇见了合适的伴侣，于是结伴旅行，天之涯海之角地哪里都去闯，到最后，又只剩自己孤零零的一个人，不得不选择与天各一方的那个人分开旅行？

我想如果可以选择的话，没有人会选择自己一个人。一个人的时候，只是在坚持等那个对的人出现。所有的等待，所有的孤独，所有难熬的漫漫长夜，所有一个人的时刻，都在那个人出现时变得值得。对的人出现以后，自然要加倍追回那一段孤单的时光。于是，两个人一起旅行成了最适宜的方式。那些彼此孤单的时光都被两个人成双成对、双宿双飞的记忆取代了，那是多么美好的时光。

可是天下没有不散的宴席，无论亲情、友情还是爱情。当有一天，那个陪你很多年，一起走过很多路看过很多风景的人，终于还是不告而别了，留下你一个人孤零零地面对这世上一切时，你能怎么办？你该怎么办？你不得不选择分开旅行，因为悲伤地待在原地解决不了任何问题，只会让你日渐消沉、日渐憔悴。而那并不是你的另一半愿意看到的。他希望你开心，希望你快乐，希望没有他的日子，你会更加坚强，更加懂得爱自己，爱生命，爱他人，爱这个世界。所以，为了他，你也要重新拾起行囊上路。

也并不是以后你就永远是一个人了，也许在新的旅途中，你又会遇见一个新的他。这个人也许是上天安排好的，亦或许是他安排好的。无论如何，你需要重新敞开心扉，和一个新的对的人开始新的旅途。已经不在的他，虽然无法陪在你身边的但也会欣慰的。

英国一位 69 岁的老太太“火”了，因为她嫁给了一位 29 岁的小伙子。为什么这样的婚姻在我们看来是奇闻？失去伴侣的老人就不可以再寻找新的伴侣了吗？我觉得这样的行为是值得鼓励的。失去伴侣的她并没有选择悲观消沉、郁郁而终，而是遵从了她丈夫的遗愿，去隆了胸，并且寻找了一位年轻人作为自己人生最后几年的伴侣。网络上他们的合影被纷纷转载，照片里的他们是那么幸福与和谐。分开旅行的最后，还是遇到了同路又同家的人。

达观的人生，不顾及世俗的眼光勇往直前的人生是幸福的，虽然背负了荆棘，但是收获了天空。

但是情到深处、不可自拔的三毛却选择了另一个极端。第一次正式恋爱失败以后，三毛逃往西班牙疗伤恢复。在那里，第一次遇见了荷西，之前的两人毫无交集，一直处在分开旅行的状态。在西班牙，两人其实算是一见钟情的，但是因为三毛的“盛气凌人”、荷西的年幼，两人的旅程还没有开始，便已经结束了——三毛又飞往了其他国度，而荷西在心里默默守着那个六年之约，继续着他的学业。

在经历了日本男友、德国男友和堂哥的朋友相继求婚之后，三毛回到了台湾。并不是他们不够优秀，也不是他们不够好，而是和三毛的缘分未到吧。不知为何，每当听见他们深情款款、情真意切地求婚时，三毛心里涌起的不是感动，反而是排斥与反感。而六年之后当荷西向她求婚时，心里却是一万个“我愿意”的。在台湾，又接受了两次求婚，再次遭受了巨大的打击。和荷西分开旅行的这六年里，三毛吃了不少的苦头，以至于到最后承受不来的时候，第一个想起要去的地方还是西班牙。

在西班牙，两人终于又见面了。历经六年时间的打磨，两人都没有了当初的跋扈与稚嫩，三毛变得愿意接受对方了，而荷西则更爱她了，带着一个成年男人应有的责任与担当在爱她。

相聚不久，两人即又分开。一个要去撒哈拉，不依不饶，说一不二，另一个却喜欢大海。当然，到最后还是依了那个撒哈拉。

分开一段时间之后，两人在撒哈拉相聚了。三毛对这次相聚感到意外与惊喜。因为之前她并不知晓他会为了她放弃大海，放弃他梦寐以求的潜水员职业，而来到这个前不着村后不着店的沙漠，寻了一份矿工的职业。

这一次的旅行将两人紧紧拉在了一起。沙漠的生活并没有想象中那么浪漫，但是因为荷西的存在，因为这个生命中另一半的存在，单调枯燥的生活也总是常有新意。

这一次的旅行两人待在一起六年，包括后来不得不撤离撒哈拉，来到加纳利岛。上天对任何人都是公平的吧？就像对这样的伴侣，还是给了他们享受彼此生命的机会。上半场，待在三毛钟爱的沙漠里；下半场，便去往荷西向往的大海中。

但是再长的旅行也会有终结的一天，或者说，再好的伴侣也会有分别的一天。荷西就这样永远地待在了大海深处，像《碧海蓝天》里的男主人公一样，义无反顾地投往大海的怀抱去了，决绝地不回头。

于是三毛在六年的依靠中走出来，又开始了一个人面对这个世界的日子。

与荷西分开旅行的日子是煎熬的，每一天每一分每一秒都是煎熬。上苍也许是动了恻隐之心吧，派了许多人去三毛身边，但是三毛都一一拒绝了。心里有了一道墙，怕是谁也推不倒的，心病还须心药医，解铃还须系铃人。

后来的后来，当三毛去往西班牙，再一次遇见一个同样的旅人之后，却再也不旅行了。那一次，她遇见了一个希腊人。他们由陌生的路人的身份开始，渐渐对话，渐渐走进对方心里。但是双方都不动声色，直到要走的那一刻，双方都泪流满面，男子问她会去希腊吗？三毛诚实而又决绝地说了不会。那颗脆弱的心经不起再一次的伤害与追逐了。他们互相拥抱，互相温暖，互相倾诉。但是，还是互相错过了。

那一次之后，三毛再也不愿意去往异国他乡。她急切地奔赴大陆，去寻找自己那么多年来一直遗落的根。她去上坟，去祭祖，去带一瓶家乡的井水回来，去捧一抔家乡的黄土回来，去认了一个干爸，认了一家子的亲人回来，去学会了吴侬软语、巴蜀方言回来。

也许她是知道自己时日不多了吧，亦或许是命运冥冥之中的安排。

在追寻了自己的根之后，三毛最终选择了结束这段一个人孤独的旅行。

她将自己送到了上帝面前，去与荷西开始一段新的旅程，再也不要分开。

不会飞翔的天使

说到天使，也许最先映入大家脑海的是穿着洁白无瑕的衣裙、头上戴着光环的小孩子们。也许他们还是赤裸裸的，背上长着一对翅膀，言笑晏晏地飞在你的周围。

他们来到你身边，执行上帝的旨意。

可是，你会想到也有不会飞的天使吗？也有不快乐的、愁容满面的、折翼的天使吗？

其实在西方神话中，天使并不总是纯洁

无瑕、单纯善良美好的。天使和这世界上形形色色的人们一样，有着各种各样的性格，也许还心怀鬼胎、明争暗斗。虽然我们都憧憬美好，但是当事实真相有朝一日在你面前败露无遗时，你也要学会去接受，不要怨天尤人、号啕大哭。

芸芸众生，不知道有多少人在等待着上帝的垂怜，等待着上帝有一天大发慈悲派天使下凡间来拯救我们。

那些可怜的人们也许不知道，他们的等待也许永远没有结果。上帝并不是万能的，他也有自己的喜怒哀乐，也有自己的爱恨情仇，他派小天使下凡做的事情，并不一定都是善事、对你有益的事。更何况那个执行上帝旨意的天使也并不是万能的，也许他也会遇到挫折，也许他也曾遭遇风浪，也许他折断了翅膀，再也飞不起来了，他的光环渐渐退去，他成了一个需要别人帮助的人。

三毛应当是知道这个道理的。常年旅居在外的生活使得她知道了许多在国内也许永不会知晓的东西。她知晓了，也适应了、习惯了、习以为常了。她不再会像那些花季雨季的少女一样，痴痴地祈祷着天使的降临，而是坦然接受天使也并不完美的真相，当生活遇到不顺时，不去怨天尤人。

甚至当他人生活遇到不顺心时，她自己化为那个天使，竭尽所能地去帮助他们，用自己的绵薄之力去温暖那些身处黑暗与寒冷之中的人们。

还记得沙漠里那些让人又可爱又可恨的邻居吗？也许他们刁蛮又不讲理，也许他们野蛮又落后、固执又不近人情，但是在三毛看来，虽然彼时大家都生活在沙漠里，但是自己的成长环境与当下生活相对于他们已经有天壤之别，不能也不愿再去与他们斤斤计较些什么。于是她不但没有去全副武装地维护自己，反倒将自己的家门大敞开，将自己的生活分享给那些“沙哈拉威”，将自己的生活用品都有借无还地“借”给他们。

生活之余，三毛有感于当地教育的落后不开化，主动办起了一个小小的课堂，将一些文明的知识教给那些沙漠里的孩子和女人。虽然有时并没有得到理解与支持，但是三毛心甘情愿、无怨无悔。

还记得那骆驼声声哭泣的呜咽吗？在那个风起云涌的动荡年代，在那个窝藏游击队就是死路一条的时刻，三毛义无反顾地收留游击队员，通风报信帮助他逃跑。尽管最后那个人死于队友的出卖，但是三毛已经尽力了。她是一个折翼的天使，这个不会飞翔的天使流干了她的眼泪，最终在哭泣的骆驼声里，一步一回头地离开了这个第二故乡。

还记得那个日本旅行者吗？那个一路流浪、一路观望、一路走走停停的旅行者？三毛遇见他时，他正在苦于自己的小东西卖不出去，下一步的路费没有着落。三毛热情地将他带回了自己的家，用半生不熟的日语与他交谈，知晓了他的近况后又执意帮助他。后来那个日本人变成了家人般的朋友，经常来家里做客。看着自己做的饭菜被这位旅行者狼吞虎咽地吃得干干净净，三毛觉得无比的满足。乃至于后来，当日本旅行者有一阵子没来的时候，三毛向他人打听，得知他难以为继地过着日子并且锒铛入狱后，难过得不知该如何是好。她花钱请人帮忙买下了他所有的东西，她再一次邀请他到家里吃饭。虽然两个人之间竟有了隔阂，后来他走了，去往下一站远方，而她却兀自停留在原地，为这个人不知名的远去黯然神伤。

还记得那个被抛弃的老人吗？他那无情无义的子女抛下赡养他的责任，将一个失去行动能力的老人和一些钱与干粮扔在了这个与世隔绝的岛上，扔在了三毛家旁边。那个所谓的“家”是荒芜的、孤苦伶仃的。院子里长满了野草野花，一到春天就草长莺飞的，而院子的主人却从来都不曾露过面。

这个院子的美丽与寂静吸引了三毛。一个连沙漠的官邸都敢擅闯的人，如果想要这院子的花花草草，不是轻而易举的事情吗？于是不等荷西发现，三毛便翻墙入院了。

院子里的风景确实将她吸引了。她几乎有一阵子深深地陶醉其中，丝毫没有觉察外部世界的动静。等她回过神来的时候，却发现那扇从来不开的门打开了，一个形容枯槁、浑身恶臭的老人站在门边，正直愣愣地看着她。

她抬头，直立起弯下的身躯，移动，张嘴，却都引不起这个老人的丝毫反应。

他转身进屋，三毛注意到他的腿一瘸一拐的，行进十分艰难。这时荷西也已经出现在她身旁，两个人都很揪心。当走近老人的床边时，那骇人的景象更是令他们终生难忘。只见床铺上的被子污迹斑斑，褥子上满是排泄物，都已经干结成块了，引来无数的苍蝇嗡嗡飞舞。整个房间恶臭难闻，老人的脚都已经腐烂了。三毛与荷西难过得说不出话来。

于是三毛决定做一回天使，帮帮这个孤独的老人。她每天都做好饭菜，送去给这位无助的邻居吃。用不流畅的手语进行交谈，解开老人的心结，使老人信任自己。同时给他换洗被褥，擦洗身子，并且将他子女留给他的钱存到银行去，将存折放在他伸手能够到的地方。

由于老人的脚实在是烂得太严重了，两人又不辞辛劳地将老人送进医院。就连医院的护士医生都对这位“肮脏”的病人退避三舍、怒目相视。

尽管结局是大家都不愿意接受的，但是三毛已经尽力了。她做了一个善良的平凡人所能做的，她做了一个天使该做的。老人离开这个世界的前一天，还开口说了话，笑了笑，这是对三毛多么大的安慰啊！

后来，老人下葬了，自己一个人孤独地离开了这个世界。那一声声钉棺木的声音，让这个善良的天使般的女人落了泪、折了翼。尽管没有挽回一个行将逝去的生命，但是三毛却从此更坚定了做一个天使的决心。她要帮助她所能帮助的一切人。

三毛帮助人的事太多太多，奉献自己的事太多太多，多得我们数不过来，她自己也算不过来。于是不如不算了，将善待他人当成了一种习惯，将天使的善行当成了自己的品格。

只是无常的是，这个一辈子在扮演天使角色的女人，最后却被那些真正的天使带走了。他们夜夜来她的床边，告诉她该走了。也许她不忍心让这些天使折翼吧，最后她选择听信他们，跟他们去往极乐之地，用自己再也不会飞翔的“天使之躯”换来那些天使的自由飞翔。

投向马德里

现在的年轻人大都听过流行歌曲《莫斯科没有眼泪》吧？可是有几人能体会到流泪的马德里给人的念想呢？

我们也许不知道，20 世纪七八十年代，两岸三地的年轻人为了这个流泪的马德里流了多少眼泪，叹了多少惋惜之气，难过了多少个不眠之夜，忍受了多少锥心之痛。

当然，这一切并不是因为马德里有他们的亲朋好友，马德里发生了他们生命中最难过的事情，也不是因为马德里生来就是一个忧郁之乡，也许正相反，马德里是欢乐热情的都市，是活力四射的充满异国情调的都市，只不过在无数华人眼里，它是那么令人魂牵梦萦、泪流满面。

因为那一个个或悲伤或欢乐的故事，那一段段或难熬或轻快的时光，就在马德里一幕幕上演。

而当有一天这一切烟消云散的时候，这一切如海市蜃楼般人去楼空的时候，我们回首，却发现往事并不如烟，那是一段催人泪下的老旧默片，我们只有怀念与感喟。至于默片里故事的发生地，变成了所有人追寻的地方。只是物是人非事事休，未语泪先流罢了。

这也是人之常情吧，当我们对一个人一件事恋恋不舍时，我们下意识地就会去追寻那个人曾经居住的地方、曾经经过的地方，那件事曾经发生的地方、曾经影响到的地方。

就像最近风靡一时的《神探夏洛克》一样，有多少人为了剧中的“夏洛克”——本尼迪克特·康博巴奇去往英国，又有多少人为了福尔摩斯而去追寻贝克街，追寻那些老房子、老案子。

三毛也是一样。三毛的魅力并不比夏洛克逊色多少，甚至更强。因为三毛，西班牙成了许多三毛迷首选去往的国度，马德里更是必去之地。

走在马德里的街道上，想着三毛的前尘往事，不禁流下泪来。

三毛初来此地，是在她向舒凡“逼婚”不成、舒凡拒绝了她的求婚之后，父母怕她伤心，陷进感情的伤口中拔不出来而送她来此地的。也恰好西班牙有一旧友，于是托他照顾三毛，照顾这个初来乍到、言语不通又倔强敏感自闭的小女孩。

马德里盛放了三毛一段最美好的青春时光。如果没有荷西，也许马德里是不流泪的。但是，也正是因为荷西，马德里是最诱人、最美丽的。

在马德里，三毛经过了初来乍到的适应期、与来自不同国度室友的磨合期，经历了与老师的冲突、与同学的交往，最终从自闭伤感中走出来，融进了这个热情四射的魅力之都。

知道这个转变的陈爸爸陈妈妈是多么开心啊。他们感谢老友，感谢西班牙，感谢马德里，更感谢三毛。这个让父母多操几倍心的小女儿，终于变得活泼开朗了，终于不再将自己封闭在小屋子里，而是走向最美的青春年华了，终于不再深陷于情伤之中，而是拥有许许多多的朋友了，无论是男朋友还是女朋友。

除此之外，在马德里，三毛还学会了西班牙文，学会了思考，思考自己的生命，形成了正确的价值观，这是最让陈爸爸陈妈妈欣慰的地方。

后来，三毛离开了马德里，离开了西班牙，去往了另一个国家——德国。而后又从德国辗转飞到美国，最后从美国飞回家。以为从此与马德里不会再有联系了，没想到命运的安排如此巧合。

若不是第一任丈夫已有妻室，若不是第二任丈夫结婚前夜心脏病突发去世，马德里也许并不会像现在这样令人唏嘘不已。但是马德里是幸运的，因为每一次受伤，三毛选择投向的怀抱，都是马德里。

再度受创的三毛又一次踏上这片阔别六年的土地，心情已与六年前截然不同。历经了生离死别，在三毛面前展开的，是一个全新的生命——荷西。荷西的一切都吸引着三毛：他在异乡服役还好吗？他的潜水本领过硬吗？他现在与六年前相比该是长得多么大了呢？他的络腮胡子真有趣啊！他的臂膀多么的强健有力啊，居然能一把将我抱起来转上好多圈都不停下来呢！他是多么的英俊啊，即使是为了虚荣也是可以嫁给他的啊！

于是在马德里，在塞维利亚的雪地里，他们交换了心，交换了一辈子相依相守的诺言。那时的马德里是流泪的，流着幸福的热泪，流着感动的热泪，流着不知所措的热泪，流着要将自己的下半生交给对方的决绝的热泪。

可是没想到，马德里一别，再回来时，却已是物是人非了。时间能改变一切。谁都料不到未来的事情，我们能做的，只是复述与回忆罢了。

那时荷西已去，留下他在马德里的亲人——父母双亲、兄弟姐妹。本来一家人久未见面，又痛失亲人，以为聚在一起会更加相依相靠、相亲相爱的。没想到荷西尸骨未寒，他们便开始分家产。一家人还没有开口寒暄几句，还没有吃上一顿团圆饭，便在饭桌上大声吵吵起来。而吵吵的原因，归根究底只不过是一个字：钱。这是一个多么真实而令人伤心的事实。三毛无意相争，好言相劝，只有妹妹一人为她说了一句话。三毛此时对马德里是彻底失望了，这里不再有荷西，也不再有亲人。钱，都给你们吧，我再去荷西的墓看最后一眼。

在那个阳光像水晶球一样透彻的午后，三毛的心境却像水晶球一样荒凉无依而悲伤。水晶球里并不都是美好的回忆、美好的时光，还有一地能刺伤人的碎玻璃碴。

水晶球碎了，美好的过往随风而逝了，王子离开了，公主不在了。无边无际的荒原里只有两样东西，一样是荷西的墓碑与灵魂，一样是三毛的眼泪与伤悲。

三毛抚摸着荷西的墓碑，心里静静地，一遍又一遍地重复着那三个字：我爱你，我爱你，我爱你，我爱你，我爱你，我爱你……

这三个字，三毛在荷西生前很少说。因为她一直觉得，自己对荷西并不是那种轰轰烈烈的死去活来的爱情，而是在沙漠里那种单调枯燥而无助的日子里慢慢滋生出来的带着烟火味儿的爱情。那些柴米油盐酱醋茶里已经包含了两个人所有的爱，没有必要再说了。或者，说了也没有意义。而在荷西的观念里，这三个字对于爱情来说是多么的意义非凡。

生前三毛并没有顾及到荷西的想法，而现在，她追悔莫及。她一遍又一遍地说着这三个字，泪全都流干了，心也封闭了，希望荷西能听到，希望这一切都还不算太晚。

古往今来，爱的甜蜜与苦涩，生与死的距离，被很多文人墨客描述过，可在我心里，没有人能够比得上三毛描写得这么动人。荷西去了，三毛哭痛了眼睛，喊哑了嗓子，但她还是用灵魂的笔尖记录下了这段生死之恋。

这些在时光里沉淀下来的文字，没有矫情，没有波浪，平静得让人压抑，心疼得让人窒息，三毛对荷西别样的思念，不经意间已使我对荷西的眷恋又多了几分。

我知道，马德里的每一寸土地里都有三毛的眼泪，每一处空间里都有三毛托清风捎去的“我爱你”。

我的故乡在远方

无论知道三毛还是不知道三毛的，无论是20世纪或是21世纪的，无论是男是女是老是少，我想大家都深深地爱恋着同样一首歌《橄榄树》。

悠扬辽远的曲调，意境深远的歌词，加上齐豫高亮清远的唱腔，这首短小的、简单纯粹的歌深深地感染了人们，无论是背负现实压力的人们，还是四处流浪、四海为家的人们，无论是处在青春年华里对未来充满向往憧憬也充满迷茫的年轻人，还是回首往昔泪流满面的成年人，都在这首歌里看见了自己，听见了自己流逝的岁月。

“不要问我从哪里来，我的故乡在远方。为什么流浪？流浪远方，流浪。”

“为了天空飞翔的小鸟，为了山间清流的小溪，为了宽阔的草原，流浪远方，流浪。”

“还有，还有，为了梦中的橄榄树，橄榄树。”

“不要问我从哪里来，我的故乡在远方。流浪远方，流浪。”

就是这样的一首歌，令所有人唏嘘落泪。没错，这首脍炙人口的歌正是由三毛填的词。

三毛在这首歌里寄托了很多。这首歌是她一生的写照。是啊，不要问她从哪里来，因为她没有故乡。她的故乡在哪里？在重庆？在上海？在浙江？在台湾？在西班牙？在撒哈拉？

她不知道，她答不上来，因此她选择沉默。她的故乡在远方，所有懂她的人都知道，所有爱她的人都知道，所有像她一样一辈子追逐远方的人都知道。

你要再问她为什么流浪，为什么不安安分分在家里待着，而要终其一生去流浪，流浪远方？她也答不上来。她会告诉你她流浪远方是为了天空飞翔的小鸟，为了山间清流的小溪，为了宽阔的草原，还有为了那梦中的橄榄树，橄榄树吗？

不会。世俗的人不会理解她的选择，因为他们永远都不会知道小鸟有什么可贵的，小溪有什么可贵的，草原有什么可贵的，橄榄树有什么可贵的。他们觉得那是可以用钱买到的东西，有了钱，什么都是微不足道的，不是为了钱，什么都不值得去做；而志同道合的人不需要她的解释，因为他们也在毕生追求着这些东西，无论是在现实生活中还是在梦里。有了这些东西，他们才觉得他们的人生没有虚度，他们才觉得自己的人生是完满的、没有缺憾的。

而今，歌声还在路上，被多少心怀梦想的人口耳传唱着；梦想还在远方，被这熟悉的旋律一遍又一遍地浸润着，愈加散发出熠熠的光芒。但是那个鼓励我们行走在追寻梦想道路上的人，那个为我们追寻梦想、坚持最初的选择作出表率的人，却永远地离开了我们，不容我们惋惜或挽留。

我们唯有怀着我们的敬意，怀着我们的青春热情，怀着我们对于先辈的缅怀，向着我们的梦想前进。

这是这首歌最希望我们做的，也是我们对于这首歌最好的回报。

除了《橄榄树》，与三毛有关的歌曲很多。比如《滚滚红尘》，比如《梦田》，再比如罗大佑的一曲《追梦人》，这是专门写给三毛的，话语间都是她的气质与韵味。

这许多年间，《追梦人》为一批又一批的新歌手所翻唱，不一样的腔调，不一样的梦想，当指尖扫过琴弦，那感动却是相同的。因为纵使时光更改，追梦却是人们心中的永恒主题。

有时，我会寻找一个独处的时间，打开音响，享受黑暗。随着音乐的缓慢流淌，三毛的故事开始又一次在记忆里鲜活。

十几岁的时候，第一次看三毛，没有什么特别的理由，只是因为这个名字。读了《素人渔夫》，上课时间也怔怔地沉浸在其中，无法抽离。接着，《哭泣的骆驼》、《雨季不再来》，我如痴如醉地读下一篇又一篇。只是因为年轻，对撒哈拉的梦想仍有距离。那时，在我心中，撒哈拉还未成为一种梦想，而仅仅是一种游历。

年龄渐长，当心中也有了小小的梦想，当开始意识到现实的处境未必总是能够切合心中所愿时，才猛然间懂得了撒哈拉的追梦情怀。

自此以后，每次重拾三毛，都因为年龄不同而心境不同，感悟因而发生翻天覆地的变化。只是后来，最喜欢的始终都是撒哈拉的故事。

在陌生又浪漫的异国情调里，有燃烧的爱，也有挥之不去的一种难以言喻的孤独。他的梦想于我们而言是无比新鲜的，无论是沙哈拉威人的生活，还是大胡子荷西的爱情，不论是极富个性的结婚过程，还是与众不同的家居布置，都有着强大的吸引力。

在三毛追梦的时光里，有时她生活困窘，有时她遇到难以理解的难关，可是她就那样拉着大胡子荷西的手，两颗心，一种脚步，克服一切，勇走天涯。

今天，在世人的凡常生活里，琐碎的生活片段堆积成山，压在心头。每个人都在追梦的途中挣扎过，要不要放下物质的追求，给精神的旅途一段喘息的时间。有时候，我们会憎恶自己的软弱，钦佩三毛的勇敢，于是她成为我们的精神图腾。

她也曾在软弱的时候告诉荷西，“沙漠中的生活我已经到了极限”。人为什么流浪，是为了忘记故乡的局限，还是为了用新奇的事物塞满记忆，为了不再孤独？可我相信，有时，流浪后反而会有更深刻的孤独。

三毛是幸运的，她有一支笔，有满腹才华，可以把自己一个人的生活和梦想写得快乐，写得悲伤，写得活色生香、令人向往。可是，穿过历史的烟雾，仔细聆听那颗孤独的灵魂，她其实从来没有停止过苦难，荷西的离世，滚滚红尘的争议，死后也不平息的沸腾舆论……

所有的一切，拼凑成一个才华横溢、率性勇敢的三毛。有人真心钦佩她，也有人深深心疼她。

自 1991 年至今，二十余年，她用极端的方式留给了世人无尽的回忆。我一直记得三毛书中的句子：“我一直在等，等有一天，有一个人会跟我说，说日常生活固然是一种必经的磨炼，可是如果老想着经营衣食，而忘记了心灵的滋润，那也是不圆满的人生。”

与麻木的人谈起三毛，换来的是麻木的眼神；与追梦人谈起三毛，却能换来形形色色的勇敢的故事。三毛从不编造故事，她用自己的一生来写书，写至精彩绝伦。但愿在另外一个世界，有撒哈拉的快乐，有荷西的温柔。在那里，悲伤不再来，快乐不停歇。

让我们再度唱响一曲《追梦人》，品味三毛和她的故事。

回眸岁月，不是所有的相遇都会相知，也不是所有的相知都会永恒。人生悲欢离合都是情，聚聚散散都是缘。

第五章 情缘：一次相思，一粒沙

乡愁，明明灭灭

华夏民族历来都是安土重迁的，那是古老的大陆文明、农耕文明遗留下来的痕迹。但是随着朝代更迭、历史变迁，越来越多的人开始了迁徙的生活。无论是唐宋时期北方民族的南下，还是清末民初的“闯关东”，还是1942年的难民大逃荒，都是各族各代人民候鸟般迁徙的证明。并不是每一次迁徙都是去往一个更美好的地方，更多的是迫于形势、被逼无奈。

随着动荡生活的开始，不断的人口交换便成了一个社会里最常见的特征。也许几代之内，你还知道你的祖籍在哪里，你的祖上是什么世代，你的父母是从哪里迁到哪里的，你又是在哪里出生、在哪里长大、在哪里工作安家、在哪里老去的。但是一代又一代的迁移，会导致最后家族的命脉面目全非，再也没有人记得原来的样子。

家谱也许曾在一段时期内帮助我们记忆我们的家族，但是时间能摧毁一切东西，那薄薄的几张纸，很快便会细碎腐烂，也许在搬家的途中随风而逝了，谁知道呢？我们的记忆也就随着这几张纸一起飞散了，我们的过去坠入万劫不复的过去，我们的乡愁只能穿越前世，欲说还休。

古往今来，乡愁成了一代又一代人挥之不去的心病。家乡成了许许多多颠沛流离之人于烽烟战火之中遥不可及的远方。对于自己过往的怀恋，对于自己根的探寻追溯，成了许许多多文人墨客一生追求的东西。乡愁带给人绵绵不尽的思念与忧伤，但是它同时也带给人源源不断的灵感与情思。多少诗人、哲学家、散文家、小说家从乡愁里诞生，又有多少革命家、政治家从对自己家乡的热忱开始走向世界。

记忆的年轮转了一圈又一圈，岁月的脚步沧桑了指尖浮华，掬一捧光阴，细数过往的倒影，那深深浅浅的诗行里留下的淡淡静好，便是时光给的暖。

我们从小就在余光中“乡愁是一弯浅浅的海峡，我在这头，大陆在那头”的诗歌里长大，那一句浅浅低吟的句子，承载了他多少思乡之情。

还记得席慕容的《故乡的歌是一支清远的笛》吗？短短的诗里，流淌着多少离愁别绪，多少深深浅浅、明明灭灭的乡愁。

不仅仅是现在，古代迁徙虽然不如现今那么频繁，但是许多文人墨客、浪子政客都四处浪迹形骸、漂泊天涯。并不是他们不想家，他们也有爹娘妻小，只是仕途不顺、境况不佳。还记得永远能在我们琅琅读书声中找寻到的李白的乡愁吗？“举头望明月，低头思故乡。”最是那一刹那的温柔，能触碰人心底最柔软的角落，而这个角落最柔弱的却是乡愁。

岁月如歌，道不尽的风情万种，无痕的时光迂回，在懵懂的记忆里，我们也只如一叶扁舟，只能任由时光的流逝忙不迭地在岁月里蹉跎。

还记得宋之问《渡汉江》中那深深的怯乡之情吗？“岭外音书绝，经冬复历春。近乡情更怯，不敢问来人。”即使是回了家乡，那年深日久积累起来的乡愁又是多么不容易消失啊！

还记得贺知章的《回乡偶书》吗？“少小离家老大回，乡音无改鬓毛衰。儿童相见不相识，笑问客从何处来。”这又是怎样一种辛酸与无奈！在外漂泊一生，两鬓斑白才得以回到家乡，家乡却物是人非事事休，儿童相见不相识了。一个陌生的，哪怕是崭新的、更好的家乡，对于一个日日夜夜思念家乡的人来说，是一件多么残酷的事情。

还记得杜甫的《春望》吗？“国破山河在，城春草木深，感时花溅泪，恨别鸟惊心。烽火连三月，家书抵万金。白头搔更短，浑欲不胜簪。”在国破家亡之时，家乡已经成了奢侈的假象，唯有盼来一封平安的家书，聊慰寸心。

还记得崔颢的《黄鹤楼》吗？“昔人已乘黄鹤去，此地空余黄鹤楼。黄鹤一去不复返，白云千载空悠悠。晴川历历汉阳树，芳草萋萋鹦鹉洲。日暮乡关何处是？烟波江上使人愁。”每一次日出日落，风吹草动，都能看见家乡的影子。无论是太阳落下的地方，还是一望无际的江面上若隐若现的雾霭，都承载了千百年来游子对地平线以外的家乡的追寻。那一双双真切的目光，望穿了多少春花秋月。乡愁是一个出门在外的游子最脆弱的地方，它隐藏得最深，也最隐藏不住。它每时每刻都牵动着羁旅者的心，我们毫无办法。

还记得王维的《九月九日忆山东兄弟》吗？“独在异乡为异客，每逢佳节倍思亲。遥知兄弟登高处，遍插茱萸少一人。”节日对人群来说是欢乐的，对个人来说是孤寂的，特别是中华民族的传统节日，每一年的这一天都是乡愁集中爆发的时候。

还记得王维《杂诗三首》中的第二首吗？“君自故乡来，应知故乡事。来日绮窗前，寒梅着花未？”家乡的人物风土都是我们思念、怀恋的对象。虽然诗人没有提及家乡的一人一事，但是那一句“寒梅着花未”饱含了对家乡一草一木、一人一事、一字一句的关心，心中的千言万语通过对梅花的念想全都奔涌而出了。

还记得上古时期的先民劳动与智慧的结晶吗？《诗经·小雅·采薇》里的那一句流传千古的诗句——“昔我往矣，杨柳依依；今我来思，雨雪霏霏”——道出了多少游子的内心！我走的时候，还是春光明媚、杨柳青长的时候，而我回来时已是大雪纷飞，一夜白了少年头了。每一次轻轻地低吟出这一句诗，都止不住热泪盈眶、泪流满面。

乡愁是说不出来的，那是每一个离家在外的游子都默默守护的前世的情愫。

光阴荏苒，白驹过隙，弹指间往事灰飞烟灭。三毛一转眼也由一个不谙世事的黄毛丫头长成一个离家在外思乡心切的游子了。她并不是没有家，却比没有家的游子更不幸，因为她的家乡在那一弯浅浅的海峡的那头，难以跨越。

三毛的乡愁也渐渐成了前世的情怀。“家乡”这两个字眼遥远得仿佛从来没有出现过，无从追溯，无从回忆。

于是，在外漂泊了青春年华之后，轰轰烈烈地策马奔腾对酒当歌之后，泪水终于滚滚而落，落进滚烫的泥土里，落进前世的乡愁里。但是她没有止步不前，她没有听天由命，她毅然踏上了寻找前世的乡愁之源的旅途。

陌生的面孔、陌生的乡音、陌生的土地、陌生的家乡，她默默地在心里大喊着我来了，我来了，喊得哭声呜咽、涕泗横流。

前世的乡愁在今世得到了回应，她是幸福的，她的家乡也是幸福的，这个在这片土地上孕育出来的生命，尽管早早地离开了，去往异国他乡，但是她最终还是回来了，深深地拥抱这片土地。

前世的乡愁冲破层层障碍在今生化解了，化为那一汪清水，那一抔黄土，静静地聆听那些呼唤的灵魂。

每一次生命的轮回都是一个花开花落的过程，花开的时候尽情地绽放，花谢的时候才会有一地的缤纷。我们在岁月里像个孩子一样痛哭失声。岁月懂得我们的愁绪。

把生命刻进黄沙

每想你一次，天上飘落一粒沙，从此形成了撒哈拉。

这是三毛对于撒哈拉来源的想象，饱含了她对恋人的极度思念和对撒哈拉的丰富的浪漫情怀。就像顾城的那首《星月的来由》一样，“树枝想去撕裂天空，却只戳了几个微小的窟窿。它透出天外的光亮，人们把它叫作月亮和星星。”每一次对于事物来源的好奇发问与作答，都是一次瑰丽的想象与对生命的思考。

而穿越撒哈拉的旅程，也正是挑战想象、挑战生命极限的过程。

曾经有一位日本探险家想要穿越撒哈拉，因为之前的他已经探过无数次险，穿越过无数生命极限。每一次他筋疲力尽，但都平安归来，随之而来的是巨大的成就感与喜悦感。

但是来到撒哈拉，他才发现，生命永远没有极限。

他毅然地开始了穿越撒哈拉的旅程。如果成功，他将成为独自成功穿越撒哈拉的第一人，名扬四海；如果失败，他将自己的生命献给这片雄奇壮烈的自然景观，也算是死而无憾了。无论如何，真真都是“一将功成万骨枯”了。

他有着日本民族特有的坚韧与执拗，甚至是顽固。他是一头浑身充斥着沸腾的热血、多少个大力士用缰绳都拉不回来的千里马。

这匹千里马跟着自己的生命直觉走了，他也无愧于“千里马”这个名头，跑了无数个“千里”，最终耗尽生命的最后一点儿气力，倒进漫漫黄沙里。

他在撒哈拉沙漠的边缘地带打转，一直转了两三年，他以为一直在前进，其实许多次都回到了原点。他没有向任何人乞求施救，就这样一条道走到黑，走到无边的黑夜里去了。

他已经待得够久了。相比于《碧海蓝天》里那群趾高气扬、心高气傲最终却在没下水之前就倒下的日本水手来说，他为这个民族挽回了一点尊严。

我们国家也曾有过这样的人，还记得余纯顺吗，那个徒步中国的男人？他从 1988 年 7 月 1 日开始了孤身徒步全中国的探险之旅，行程达 4 万多公里，足迹踏遍 23 个省、市、自治区。然而，这个几乎穿越中国全境，在 1996 年即将完成徒步穿越新疆罗布泊全境之壮举的人，却不幸在罗布泊西遇难了。

确实，对于徒步探险的人，沙漠一直是个死亡地带，几乎没有人能成功走过去。而这个男人却选择了勇敢面对挑战，只身一人走进了罗布泊。不久，就发生了一场沙尘暴，余纯顺不幸遇难。

沙漠就如同大海一样，虽然只有无边无际的同一种特性，然而却是最神秘的处所。所有对于生命的挑战都源于这两者，最终也都归于这两者。经历过并且存活下来的，是伟人；勇敢地接受挑战却不幸遇难者，也是我们永远缅怀与敬仰的英雄。他们是我们的榜样，催我们奋进，引导我们认识人与自然，思索生命与宇宙。

相比于他们来说，三毛是聪明的。她爱这一片沙漠，但她也爱自己的生命。她没有拿自己的生命去冒险，但是她选择了以一个女人水一般的质地，温情地融进这一片浩瀚的沙漠。

曾几何时，这片沙漠也曾是一片广袤的绿林呢。它孤寂地立在世界的另一端，等待着有一天会有一个聪敏的灵魂降临。

三毛是异乡人眼里的异乡人。她独特得太独特了，以至于连这片黄沙也对她无可奈何。

她安静而又放肆地生活在这片黄沙的最边缘，怀着跃跃欲试的野心，想要大步流星地向中心地带走。

她也曾问过那些真正穿越过沙漠的当地游牧民族，想跟着他们一块儿走一程。但是也许几年的旅程让她等待不及，因为她不再是一个人了，她不能只为自己一个人活，她有荷西，她要守在荷西身边。那个连她回台湾一趟都一封接一封地来信催促归程的人，怎么能忍受得了她抛下他一头扎进漫漫黄沙里两年、三年甚至更久呢？荷西对三毛这样的牵肠挂肚，成为无数少女心中的向往。

趁着还年轻，还有时间挥霍，有精力行走，趁着这个还能犯错，还能自私的年纪，随心所欲地走吧……撒哈拉始终没有穿越，但是三毛的生命已经深深地刻进了这片黄沙里，狂风吹不散她的身影。

没有鲜花的童话

狂沙十万里都吹不散的三毛，在这片沙海里写下了一章又一章的童话。她对沙漠生活的拾锦一如当年的安徒生与格林，在各自有限的生命里，发挥自己无限的想象力，用上自己所有的真善美去编织一个又一个美丽的童话。童话的结局总是那么美好，王子和公主幸福地生活在了一起，坏人与女巫都被赶跑了。

三毛的童话也是欢乐的。但不同的是，

她的背景是单调的黄色，没有童话一贯的五彩缤纷；她的故事是对生活的描摹，没有想象的奇绝瑰丽；她的结局是悲怆的，坏人与女巫得胜了，王子与公主生离死别。

但它仍是不折不扣的童话啊，也许她自己不觉得是，但是所有被她感动、为之或欣喜若狂或悲痛流涕的人，都觉得那是沙海里最美的童话。

尽管这个童话没有鲜花没有掌声，没有黄莺没有夜莺，没有宫殿没有王位，没有黑森林也没有大草原，没有小木屋也没有小溪水，没有天堂也没有地狱，尽管这个童话是另类的，但这确确实实是一个童话，一个真真实实、实实在在的童话。

这个童话应该是从男女主人公在塞维利亚的雪地里交换爱慕之心开始的，或者可以算是前传吧。

然而故事里的王子和公主没有在豪华的宫殿里受万人的敬仰过完幸福快乐的一生，而是作出了世人所不理解的决定——贫穷落后的非洲撒哈拉沙漠。于是，故事从此正式上演了。

故事的地点是沙漠坟场区一间小小的出租屋，露着天，接着地，热气腾腾的墙壁，阳光毒辣辣地盯着你。

故事的情节却是在平凡中见起伏的。曾经被左邻右舍侵扰，曾经被困于沙漠，曾经被歹徒追赶，曾经捕鱼贱卖，曾经吵架剪发，也曾经相濡以沫。

故事最经典的一幕——王子和公主的婚礼，虽没有经典童话里的婚礼那么浪漫，但是另类别样的婚礼却令人忍俊不禁、记忆犹新。就像三毛好友琼瑶的著作《烟雨蒙蒙》里的杜飞和如萍一样，虽然在他乡、在战场、在破衣烂衫、在惊魂甫定中结了婚，戒指还弄丢了，差一点用狗尾巴草来代替，但是两个人的感情却得到了所有人的祝福。

三毛顶着一点芹菜就去了，荷西穿着便装就去了，所有工作人员穿得比他们还正式，神经比他们还紧张，手心都冒了汗，但是那两位怪异的公主与王子却在心里偷偷地乐着，仿佛是别人结婚一般，自己只是个旁观者。

一辈子的爱人，不是一场轰轰烈烈的爱情。两个人的承诺与誓言，也不是用一场浪漫的婚礼、一颗闪耀的钻戒就可以诠释的。多少人在盛大的婚礼之后，在硕大的钻戒之下，却貌合神离、同床异梦，最后劳燕分飞。

而糟糠之妻却是最不可弃也是最不会弃的。爱情与婚姻的真谛在细水流年里，在粗茶淡饭里，在两个人慢慢增加的白发里，在慢慢爬上来的皱纹里。

爱的本质，也许是一种考验。死生契阔，与子成说；执子之手，与子偕老。真正的爱情童话是：两个人无论遇见怎样的艰难险阻，都能够十指相扣、相依相偎、不离不弃；两个人无论怎样的大富大贵、位高权重，也不钩心斗角、争权夺利、互防互欺；两个人无论怎样的年纪轻轻，却一同用稚嫩的肩膀扛起未来的责任；两个人无论怎样的垂垂老矣，仍像刚初恋时那样热烈奔放。

爱是像张爱玲的《倾城之恋》中白流苏与范柳原一样，尽管起先两人都目的不纯，没有爱情可言，但是在炮火的洗礼下，两人生死相依，与子相悦，最终成就了一段传奇的姻缘。

爱是像金岳霖对林徽因一样，一辈子得不到她，但是一辈子守护她、尊敬她，一直到她死去，他还惦恋着她，为她孤独终老，只因为她是人间四月天。

爱是像冯亦代与黄宗英一样，只要真心相爱，就不顾一切地走在一起。1993 年，80 岁高龄的冯亦代与 68 岁的黄宗英结为伉俪。两人爱得情深意切、爱得热烈。

爱是像萧军对萧红那样，在她贫困绝望的境地里，倾尽全力相助，尽管自己也走得不易。

爱是像泾阳县的那两位老人一样，看着 81 岁的老伴安然辞世，85 岁的他默默无语，一个多小时后，他也平静地相随而去。泾阳县这对老人以“不求同年同月同日生，但求同年同月同日死”这样一种方式告别了满堂儿孙，诠释了他们相濡以沫 64 年的真情，也令周围人为之称羡。

平凡的爱情没有玫瑰的浪漫和海誓山盟的矫情，爱早已被岁月细细密密的针脚缝合成一件贴身的衣服，体己，暖身，相依为命。这份细腻而隽永的真情在朝朝暮暮的相伴中，沉淀出了最美的爱情旋律。

尽管爱情很美好、很甜蜜、很浪漫，但是并不是所有爱情都可以像童话里那样有完满的结局，没有不存在瑕疵的爱情。王子与公主过上了幸福的生活也只是童话里的结局而已，结局之后呢？真相是残酷的：王子和公主也要面对柴米油盐酱醋茶，也要为一些家庭琐事拌嘴冷战，也要时刻担心在公公婆婆、岳父岳母面前表现不好，也要做那道“两人都掉河里了，你先救谁”的选择题。

童话之所以被称为童话，是因为它没有把生活的全部展现出来，只是选了生活与人性里真善美的一面，把假丑恶自动过滤了，给那些初生的、对未来充满向往的、对世界充满信任的孩子一个美丽干净的世界。

三毛的童话以这样的方式结尾了：沙漠平静地以生命的被杀戮、贞操的被侮辱、人性的被泯灭送走了这异国的最后一位客人。所有续集都在那声声哭泣的骆驼声里消失了。

唯有那一声声清脆的铃铛声在沙漠的落日余晖里兀自向前奔去。我们要知道，童话是可以这样结尾的。如果一定要说有后传的话，童话将更加残忍。

王子葬身海底，公主孤独地过完了 40 多年的短暂生命，用一条丝袜结束了这个沙海里的童话后传。

这就是沙海里的童话。我们爱它，我们接受它，我们遗忘它，我们怀恋它。

走到你的婚姻里去

这是沙漠童话里的一段。

知道结局的人尽管满心祝福，但是心里已经泪流成河。

这一对经历多少错过才最终在一起的年轻人，最后的缘分却只有六年。假使两人当时知道这样的结局，也还是会毫不犹豫地一往无前吧？只不过，走路去结婚大概会换成骑摩托车或者开吉普车去，因为缘分只有六年，他们要珍惜每一分每一秒，利用好每一个时刻，一刻也不能浪费。

结婚的仪式古今中外有很多，结婚的方式也五花八门。走路去结婚，大概是性情中人的一种选择吧。

就我们中国而言，最早的时候，结婚没有固定的仪式，在原始社会里，只要交合便可以了。到了母系氏族社会以及后来的父系氏族社会，男方到女方家或者女方到男方家里过夜就行了。后来，华夏文明开始了，结婚开始需要仪式。新郎骑马，新娘坐轿，八抬大轿，高头大马，热热闹闹地将新娘子接回了家。再后来，西风刮倒了东风，西洋的结婚习俗影响了改革开放之后的祖国大地。大家开始穿着洁白的婚纱，坐着小汽车到礼堂去，在神父的见证下结合成为夫妻。

而现在，三毛与荷西则是连自己什么时候结婚都不知道了，更不用说选什么黄道吉日，一切都看那些烦琐的手续什么时候办好，看那些漫长的公示什么时候结束。

所以当那一天来临的时候，两个人都大吃了一惊，毫无准备。三毛大喊着“帮我跟荷西说一声，我们明天结婚”，伴随着路人“你们连自己哪天结婚都不知道吗”的反问，她的心里却是无比兴奋的。

但是连双方父母都来不及通知一声，两人便匆匆走进了婚姻的殿堂。父母之命、媒妁之言对他们而言已经是陈腐的过去式了。他们要把握好当下，要吹响幸福生活的小螺号。

两人似乎生来就是为了对方吧，为了将来有一天一起走路去结婚。三毛的披肩长发、长裙、靴子，似乎都是为了走路去结婚准备的；荷西的络腮胡子、在沙漠生存的技术、坚硬的臂膀，似乎都是为了走路去结婚准备的；一粒一粒沙堆积而成的沙海、沙海里的一叶扁舟、扁舟上的办事处，似乎都是为了走路去结婚准备的。这是一件多么甜蜜而幸福的事呢！

时间会让你了解爱情，也能够证明爱情。走吧，走吧，走到海角天涯，去面对面许一个誓言，去肩并肩看一次日落，去手拉手漫步一次海边，去背靠背感受彼此的体温。

走吧，走吧，走到异国他乡，去脸贴脸进行一次别致的问候，去步并步地走向婚姻的殿堂，去呼吸着彼此的呼吸开始新的生活，去心连心地经营一场盛大的婚姻。

走吧，走吧，走到世人追寻不到的地方去，走到诗人随时随地都有的地方去，走到熙熙攘攘车如流水马如龙的地方去，走到安安静静春去花还在人来鸟不惊的地方去。

走吧，走吧，走到天空有飞翔的小鸟的地方去，走到有山间清流小溪的地方去，走到有宽阔的一望无际的草原的地方去，走到有好大一棵橄榄树的地方去。

走吧，走吧，我亲爱的三毛，走到你的婚姻里去，走到你的梦境里去，走到你的生命里去。

周国平说：真正的恋爱，是从组合了家才开始的，开初的一切，都只是爱的序幕，厚实而精彩的内容，在以后的章节。

在荒漠里开出花

这还是沙海里的童话中的一段。这是王子和公主在走路去结婚之后，从此开始过上了幸福快乐生活的后续故事。

神秘的撒哈拉浩瀚如海，三毛爱上了沙漠的狂暴与沉静，爱上了沙漠美丽的星空。随着牧师紧张地说出公证词，他们互相交换戒指。三毛成了这片神秘沙海里的一个快乐的家庭主妇，在那美丽的星空之下，沙海之上，开始一个新的生命角色。

作为家庭主妇，首先就是要下厨烹饪。三毛对烹饪非常有兴趣，她非常欣赏这种艺术，因为几只洋葱，几片肉，一炒便是一个菜，美味可口，简单的饮食中就会生出无限的乐趣。所以，烹饪便不再是一件普通的家务事。

在吃过一段时间西餐后，母亲给三毛邮寄来了大批粉丝、紫菜、冬菇、生力面、猪肉干等珍贵食品。面对这些久违的食物，三毛乐得爱不释手，加上欧洲女友寄来罐头酱油，她便开始做起了美味的中国菜，这让荷西大饱口福。

三毛是个十分有情趣的妻子，单单是粉丝这一种食材，就会被她烹制出完全不同的味道，演绎出不同的故事。第一次，她将粉丝描绘成了高山之上冰冻的春雨。对中国并不十分了解的荷西，从此爱上了这种叫作“春雨”的食物。之后三毛又把粉丝换了一种烹饪的方法，便为荷西做成了一道由“尼龙线”加工而成的食物，它叫作“蚂蚁上树”。第三次烹制粉丝，三毛将粉丝变成了鱼翅，让荷西赞口不绝，还直说要给三毛的妈妈写信，感谢的同时并劝告不要再邮寄这种昂贵的食物。三毛则非常享受这种“蒙骗”荷西的乐趣，这仿佛就是她小小的胜利。

在物资贫乏的沙漠里，三毛成了一个十足的魔法师，她在烹制美味的同时，更为荷西烹制出了无限的惊喜。许多幸福的能量，在细枝末节中聚集。

不仅如此，这对可爱的夫妻还会为美味的猪肉干而耍一耍小心机。三毛偷偷将猪肉干藏起，被荷西发现这“所罗门的宝藏”时便故作镇定地说那是肉做的喉片，馋嘴的荷西却偷偷地将美味的“喉片”偷走，分给同事吃，那以后荷西的同事们见到三毛后，便都会咳嗽，只为了骗取美味的猪肉干。这对夫妻就像两个可爱的孩子，演绎着最欢欣的故事，于是平静的生活里总是充满了欢喜。

在闲暇的时候，三毛还会教邻居的女孩子们认字，用简单的医疗知识解除他们的痛苦，因此还演绎出不少惊险的故事。身为丈夫的荷西也会与她发生一些分歧，但是三毛会像一个固执顽皮的孩子一般，巧妙地避过荷西的阻拦，甜蜜地与他斗智斗勇。

有时候他们也会为了生活而苦恼，当他们为半年来赚的许多钱而欢欣地吃大餐庆祝后，又不得不为半年超支的生活账单失落。为了填补生活，他们穿越沙漠，到海边去捕鱼，他们尽情地体味着捕鱼的乐趣与疲劳，享受美味之余又可以赚得一些收入。渐渐地，荷西的朋友们也加入了这支捕鱼队伍，捕鱼的活动就因一次又一次的欢乐聚会而改变了初衷，虽然最终并未给夫妻俩带来太多收入，但是他们却收获了许多，不仅仅是美味与金钱，更有千金难买的欢乐与回忆。他们硬是把琐碎的生活过出了精彩的味道。

当然他们也有不顺的时候，沙漠里的邻居虽然可爱，让三毛与荷西的生活充满了乐趣，但是芳邻们还是会带给他们一些烦恼。沙漠里的房子，在屋顶中间总是空一块不做顶。三毛与荷西的家，无论吃饭、睡觉，邻居的孩子都可以在天台上缺的那方块往下看。有时候刮起狂风沙来，屋内便落沙如雨。最终荷西修补了屋顶，三毛还非常有兴致地将种植的九棵盆景放在他们新做好的玻璃屋顶下，将他们的生活点缀得充满绿意，但是却被邻居的山羊一次又一次地破坏，为此夫妻俩苦恼了许久，坚强的三毛竟也被气得流下了泪水。那样的经历使他们生活里增添了一种咸涩味道。

在沙漠里最珍贵的是水，三毛与荷西平日的生活用水是市政府管的，每一户每天只有一桶水。所以他们平日里使用水都会非常仔细，就像花钱一样，都要算计得十分清楚。如果洗澡，就不能同时洗衣服，洗了衣服，就不能洗碗洗地，他们要计算好天台上水桶里的存量才能做关于水的事情。一次三毛准备去参加骆驼大赛，奢侈地洗了回澡，而当她涂了肥皂后，才发现天台桶里的水已经空了，而后发现竟是被邻居偷用的。三毛只得带着满身滑腻腻的肥皂沫去参加赛骆驼，这让她又气又恼。但这就是生活，不只有欢乐，也时常会有无奈和气愤，那同样是生活里不可或缺的作料。同时，即使在沙漠生活里，三毛也和每一个普通的女孩一样尝到了一种酸涩的味道。当地的青年女子脸孔都长得很好看，其中有一个叫蜜娜的女孩长得非常甜美，她也非常喜欢荷西，只要荷西在家她就会打扮得很美丽，来到三毛家中，后来还会直接找借口让荷西去她的家里。直到有一次三毛忍无可忍，才厉声要求荷西把蜜娜当作“海市蜃楼”。后来，蜜娜结婚了，三毛高兴极了，为此送了蜜娜一大块衣料，以此来欢送这位美丽的情敌。

这就是三毛与荷西在那个物质文明极度缺乏的大漠中的美丽生活，有苦有乐，有酸有甜，又恍如隔绝尘世，如隐世般逍遥自在，在寂静安好的岁月里接受漫天黄沙的洗礼，在每一个平凡的日子里都会演绎出不平凡的欢乐。

荷西与三毛是幸福的，因为他们深谙幸福的真谛，并且把琐碎的生活演绎出幸福和精彩，无论苦与乐，他们始终温柔地执手，在细水流年里将沙漠里的风景都看透。

细水流年是不容易成为永恒的，有许许多多的细水流年破坏了婚姻，破坏了感情，破坏了家庭，破坏了两个人的心。

在这场持久战、消耗战里，你要有坚定的决心与毅力，不是为了别人，而是为了自己。因为当初是你自己选择了这份爱情，选择了这份婚姻，那么你就要呵护它。你没有任何理由不去保护它，因为那是你的爱情，你们的爱情。

经营的过程也许会很艰难，但是只要你长此以往地坚持下来，你会发现艰难的东西也变得轻松简单了。你要随时对爱情进行滋润，哪怕是撒撒娇也好，哪怕是像哄小孩子一样也好，哪怕是甜言蜜语一番也好。

滋润之余，你要防止外界因素的干扰。如果有“入侵者”，你要做的不是去指责爱情本身，而是要担起你的责任，挺身而出保卫爱情。一场爱情保卫战是会赢得所有人尊敬的，但前提是方式要合适。

除此以外，你也要定期地给爱情进行新鲜的刺激，不要让时间把爱情冲得褪了色。你要时不时地给对方来点小浪漫、小惊喜，你要记得你们每一个特殊的日子，你要用心去制造别致的礼物，你要总是阳光灿烂、春光明媚的，而不是阴雨连绵、电闪雷鸣的。

除此以外，你也要注重爱情的内涵。你们要经常沟通，说出自己内心的想法，交流各自对于人生、爱情、婚姻的看法。你们可以同看一本书或者同看一部电影，进行心灵上的交流。你们要培养默契或者是保持你们一开始就有的默契。你们到最后是心有灵犀一点通的，无须语言，一个眼神一个微笑就知道了对方心里所有的感受。这样的爱情是任何东西都打不破、摧不毁的。

当然，所有这些你都要坚持，坚持就是胜利。在这样的呵护里，没有一段爱情不开出细水流年里的永恒之花来。

荷西与三毛是幸福的，或者更恰当地说，是幸运的吧，因为他们都深谙此道，并且把这些事情当作乐趣，并不以为自己有多么大的苦楚与牺牲。

这样的爱情，是值得我们祝福的。拖着疲乏的灵魂，难以感受到美好的爱情与生命。在物资丰盈的时代里，我们生活中从不缺乏美好的事物，只是一颗干枯的心让我们丧失了生活的乐趣，丧失了爱的能力。三毛与荷西在广袤的沙漠里始终保持着快乐的心，过着简单的生活，守候着宁静的爱。他们没有每一日都高呼地老天荒的誓言，却在一餐一言中传达着浓浓的爱。他们的爱，在寂静的荒漠年华里开出了美丽的花朵。

也只有真正读懂三毛的人才能明白，最好的爱不是刻骨铭心的痴绝，而是细水流年里的相守。

第六章

喜悦：一处风景，一段情

爱与宝石

没有什么浪漫是与生俱来的，所有的浪漫，所有在一刹那间的感动，都是一个人用心制作，另一个人用心感受的结果。浪漫需要两颗充满爱与情感的心灵。

在浪漫的人眼里，世间的一草一木、一静一动都是无比美丽动人的。而在呆板的人眼里，所有珍贵的东西都是一样的不值一提，没有惊喜与感动，没有热泪与感激。

在浪漫的人眼里，一颗石头也可以是宝

石，一座垃圾场也可以是世间最美丽妩媚的花园。

三毛从小便有着这样的情怀。她在还小的时候，人很瘦弱，发育不良，却在一次街上伐树时，咬着牙，使尽浑身解数将残剩的树段拉回了家。在别人眼里，这是多余的残次的东西，在她看来，却是最可宝贵的东西。

幸而她有一对开明的父母。看到她将这样的东西搬回家，父母非但没有像普通的家长一贯会做的那样呵斥责骂，勒令将捡回来的东西扔掉，而是帮着她一起将树段清洗整理干净。这是三毛的拾荒梦可以一直做下去的重要原因之一吧。她的父母不会去粗暴地打扰干涉这个梦，而是费尽心思帮三毛一起守护这个梦。

三毛有世界上最浪漫的宝石，不是来自爱情，不是来自友情，而是来自生她养她的父母亲情。

那次她的父母去海边，瘦瘦弱弱、佝偻苍老的他们弯着腰在海风里吹了几个小时，一颗一颗地翻拣着石头，终于挑出了两颗别致的石头，拿回来小心谨慎地在水龙头下洗了又洗，用毛巾擦了又擦，像个孩子要讨大人欢喜一样地将石头捧在手心里跑来给三毛看。

三毛没有尖叫惊喜，只是愣愣地看着眼前这两个老人。这两个劳累辛苦的老人，竟然因为自己一直嚷嚷着没有时间去捡石头写生而代自己去受了这份累。

她心里感慨万千，表面上却一句话也没有说。等爸爸像往常一样打开新闻看电视，家里的一切都恢复如常的时候，她也像往常一样回到了自己的小房间。

令她惊讶的是，那两颗石头不知何时已经被父亲放进了房间里，放的位子正好是她最喜欢的、看了无数遍的《脂砚斋重评石头记》上。

鉴于父母如此痴心，三毛将这两块石头在心里默默地叫作“痴心石”，以表白自己对于这两块石头的看重与无可替代。

这两块石头因为三毛父母的痴心与爱，成了这世间最浪漫最可宝贵的宝石。

这世间有多少东西本身没有多大的价值，却因为父母亲人的爱而变得熠熠生辉啊。

患有胰腺癌的兰迪·波许教授是美国卡内基梅隆大学计算机科学学院人机交互及设计专业的教授，主持“人与计算机交互”课程长达十年，也是虚拟科技的先驱者之一，还撰写了《世界百科全书》的“虚拟科技”条目。

他是在2006年9月被诊断患有胰腺癌的，之后一直与病魔做斗争，曾经恢复，但一度复发。在医生下死亡通知书之后，告诉他肿瘤已经扩散到全身、长了十几个，没有任何药物与医疗手段可以治疗之后，告诉他只剩最后几个月的生命之后，他给卡内基梅隆大学的学生以演讲的方式上了最后一课。

在这堂意义非凡的课里，他告诉我们一个谁都没有办法选择、但是又极其重要、对我们的一生会产生决定性影响的选择——如果可以，请选择你的父母。

说出这句话的时候，台下的老师学生们都笑了，但是他是认真的。确实，很多平凡无奇的东西，因为一个伟大的父母，会变得与众不同乃至无与伦比。

兰迪·波许教授小时候与别人并没有很大的不同，只是他很爱笑，很活泼开朗，因为他有一个快乐幸福的家庭，有一对愿意始终陪在他身边、同他一同欢笑的父母。

当小小的他提议要给家里的墙壁刷漆的时候，他的父母非但没有阻拦，反而微笑着鼓励他“创作”，将“大权”统统交给他，一如三毛的父母。

而他们的儿子也没有让他们失望。他在墙上画了一个又一个图案，将自己的想象力与天赋展露无遗。

后来，兰迪·波许的梦想是成为一名迪士尼幻想工程师。他的父母也没有认为这是不务正业，而是以十分鼓励与欣赏的态度去看待。他是多么幸运啊，有一个 70 岁还愿意和他一起坐过山车的母亲，有一个 80 岁还愿意和他一起去游乐园的父亲。

后来，他没有让父母失望，也没有让自己失望。他通过自己的努力成为一名大学教师，继而与迪士尼合作，拍出了一部很酷的动画片。

后来，他没有让他的妻子与孩子失望。他的父母影响他的东西他也将带给下一代。在他生命的最后几个月，他没有悲观消沉，而是将所有想对孩子说的话化成了最后一次演讲——《真正实现你的童年梦想》。

他的父母为泰国捐款修建宿舍，这份善良之心也影响了兰迪·波许，他也将自己短暂的生命、病痛的折磨化成鼓舞人心的力量，激励千千万万个身陷囹圄的人继续与病魔做斗争，与实现梦想的障碍做斗争。

2008 年 7 月 25 日，兰迪·波许教授终因胰腺癌并发症在家中去世，终年 47 岁，在生命中的最后时刻其妻子和三个孩子始终陪伴在他身边。

这样一个光辉的生命，源自他父母的塑造。而他，也将自己对孩子的期许化作这世间最感人的情谊。

他说，“我这最后一次演讲，事实上来说，不是为你们这 400 个同学而作，而是为我的三个孩子。将来他们长大了，有朝一日会听见。”

然后，他向大家深深地鞠了一躬。

这个最可宝贵的生命最终还是逝去了，但是他和三毛一样留给我们对于生命、对于亲情的思考。

世间最浪漫、最可宝贵的不是珠宝，不是钻石，而是爱。

爱情，在烟火里成长

每一个月华如水的孤寂幽夜，都会让多情之人内心悸动、情愫满满。

岁月如梭，时光渐逝，看那黑夜变成白昼，看那花谢交替花开，看那月满代替盈缺。我们唯有感叹：周遭的一切都在变换着，变换着。

苍茫宇宙，浩瀚云烟，世间的一切都不似最初的模样。繁华落尽，梦过无痕，只有心中的那份情爱依旧是我们执着的坚持。

爱，没有借口，只因那心中的悸动；情，没有缘由，只因那千百次的回眸。纵观人世，凡夫俗子都是为情所生，遇到爱情，便身不由己，只能饱受离别之怨、相思之苦。

由情生爱，由爱生恨，由恨生怨。情也悠悠，爱也悠悠，恨也悠悠。

爱情，让人变得单纯，让人变得痴迷。沉浸在爱情的蜜罐里，人们会忘记所有的不幸与悲伤，只因爱情带给自己的是美好与甜蜜。

人生一大幸事就是不顾一切拥有完满的爱情。爱情往往就在最细微的一刹那、最不经意的一瞬间产生。无论男人还是女人，每个人都在自转之中。当一个男人最有魅力的一面转向了一个女人，而这个女人最好的一面也转向了这个男人，那就是爱情的预兆。即使平平淡淡的一瞬间，爱情却真的挡也挡不住。有些时候，我们不得不感叹，怎么爱情来得这么让人惊讶，这么让人措手不及。是的，爱情就是如此，它不分场合、不分时间，仅仅降临到两个人的甜蜜世界里。

可是爱情到底是什么？或许，那是一种温暖，是一种心语，是心与心的交流，是灵魂与灵魂的碰撞。

爱情，当然不是物质，它不是用金钱堆砌就可以得到的东西。但爱情也不是空想，不是纯粹的精神享受。真正的爱情，是带着生活的、烟火味的爱情；而真正的生活，则是带着爱情甜蜜的、芬芳的生活。

爱情里的人间烟火就这样孕育了一个又一个的生命，支撑了一个又一个的家庭，世世代代将人类的世界延续下去，一代又一代，循环往复。

如果没有了爱情，世界将会怎样?

如果没有了爱情，人类将会怎样?

三毛的一生便是一个最好的例子。没有爱情滋养的日子，她悲伤、彷徨、忙碌、不知所措，最后自我了断。而有爱情陪伴的那些日子里，她笑，便如春花，没有人能不感动。

想来，爱情里的烟火味也是弥足珍贵的。

三毛与荷西在沙漠里过起了男耕女织的生活，颇有董永与七仙女的味道，虽是黄沙漫漫，却如田园风光。

荷西在外“浇水施肥耕田种地”，三毛便在家“生火做饭洗衣织布”，爱情也有，面包也不缺，真是羡煞旁人。

这就是爱情，是真正的爱情，也是真实的爱情。然而，爱情里的人间烟火究竟是在哪里呢?

荷西在外工作其实很辛苦，早出晚归，工作地点离家也不近，还经常要加班加点，所得的工资也并不可观，而沙漠里的物价却贵得惊人。房租、水、蔬菜样样都要钱，颇有些“贫贱夫妻百事哀”的样子，“寒窑虽破能避风雨，夫妻恩爱苦也甜”很多时候并不都是真实的，那些也只不过是人们夸张的臆想而已。

而三毛呢，每天唯一的期盼便是荷西下班回家，以及远方父母亲人和朋友们的来信。荷西不在家的日子里，是她空虚寂寞的时光，也是她最难熬的时光。她自己就像这个漫漫黄沙中的外来之客，没有亲朋好友可以走访，没有商场超市可以闲逛，没有琳琅满目的小吃食品可以打发时间，就连书籍也是一个不小的奢侈品。她没有工作，没有可以寄托的地方，家里的东西又常常遭到“洗劫”，一个人在家没有人保护，没有安全感，这样的她变得更加需要荷西。

别离后的相思总是如此的苦涩而持久，就如同浓茶流过舌尖的滋味，苦涩不适，但依旧回味持久。然而，当等到久别重逢的那一刻，等到所有的思念都得偿所愿的时候，等到心里所想的那个人就站在自己眼前的时候，心中的那份甜蜜与激动或许已经不是简单的文字所能表达清楚的了。其实，这世间所有思念着的人，他们都是如此普通，他们只有单纯的渴望，那就是每一天和爱人共沐晨曦与余晖。

所以，思念总是值得的。而思念的人，有时也是幸福的。分离总是愁苦的、孤独的。然而没有分离，也就没有了思念。也许，分离是爱情的必备基调之一。即便是再你侬我侬的恋人，也不能时时刻刻在一起。因为现实不允许他们这样，他们要生活、要工作，分离便成为了家常便饭。更何况，像三毛与荷西这样的分离，在今天的我们看来，根本不算是分离。

曾经有那么一段时间，三毛甚至因为荷西要去上班而神经质地又吵又闹，还曾经过分地拦住门口不让荷西走出家门。等到荷西出去了，她又开始站在阳台上对着荷西大声喊叫。那种凄厉与悲凉实在是令人毕生难忘。

我不知道这上下几千年，除了一个三毛，世上还有没有第二个这样的女子；如果没有第二个三毛，恐怕，也就找不到第二个荷西这样的男人。

就在这样的人间烟火中熏陶了一段时光，三毛终于不再过分浪漫，而是认清了生活的真相。当初是因为对那漫漫黄沙的热爱，满腔热忱来到了这里。或许，在住进坟场区的当晚，那激昂的热情便已熄了一大半。而在一段时间的生活之后，爱情便逐渐褪去了那梦想的五彩糖衣，生活的烟熏火燎之味也冲了上来，包裹了梦想与浪漫。

当那段最难熬的时光过去之后，真实的沙漠生活又开始因为爱情的力量而大放异彩了。细腻的心逐渐发现了沙漠生活一点一点的可爱之处。“大漠孤烟直，长河落日圆”的壮丽景象让三毛沉醉其中，那一排排骆驼，一声声铃铛，一个个帐篷，以及日日夜夜的狂风卷地直起十万里，都让三毛惊叹、唏嘘不已。

在惊叹过自然景色后，三毛又对当地的风土人情有了更为深入的了解。居民观念的原始落后、人与人之间的排斥隔阂也都让三毛大吃一惊，但是她也感动于那些纯粹的情感，那些情感与利益、金钱、权力地位等都毫无半点关系，只是纯粹、单纯、清澈的情感。那情感是对于宗教信仰、民族图腾的最纯粹的崇拜与虔诚，是对于大自然的无比敬畏。这些都是三毛在当下社会里难以找到的，因此她如获至宝，感喟甚深。

伟大的爱情就这样在烟熏火燎的日子里一天一天地发芽滋长，不但没有枯萎凋败，反而日益欣欣向荣。三毛曾经说过，她对于荷西并没有那种轰轰烈烈的爱情，反而是在婚后，在细水流长的人间烟火里，在平平淡淡的日子里，她愈益感受到了自己对于荷西发自内心的爱，以及两个人之间日益增长的情。当然，爱情也不必轰轰烈烈，那样的爱情只会如昙花一样成为过眼烟云。美好的爱情，如小桥流水般恬淡，也如小桥流水般长久。因为爱情终究不能只是空想，真正的爱情需要沾染生活的气息。

也许吧，那些人们心心念念的爱情就是这样，是在烟火里成长起来的，最后的滋味必将是醇厚的，拥有没有经历过这些的爱情所不具备的芬芳。

如此，才是人间烟火里的爱情。

荒漠中的别样风景

沙漠不荒凉，是因为爱情，因为荷西。

有家的女人总是最幸福的，对任何事情都容易感到满足，特别是在两个人还没有子女，还在过着自由自在、无忧无虑、“一人吃饱全家不饿”的生活的时候，无论这个家安在哪里。

而对于三毛和荷西这对异国恋人来说，生活更是充满了情趣。两人由于语言不同，文化观念不一样，对事物的认识也不一样，常常会发生许多趣事。

就拿做饭来说吧。荷西爱吃这位中国太太做的中式料理，于是三毛用最普通的中国家常菜做出了奇奇怪怪的东西给荷西品尝。

比如说粉丝吧。一次做了这个菜，荷西以为是鱼翅，拼命摇头对三毛说，不要让岳母这么破费了，这么贵的东西以后不要再买了寄过来了，乐得三毛捂着嘴偷偷笑，就是不告诉这个傻小子实话。

还有一次，仍是粉丝。这次荷西又问这是什么东西，三毛于是编了一个美丽的谎言，说这是春雨，冻成了细冰条，高山族原住民背了下山卖的，唬得荷西一愣一愣的。

还有一次是紫菜包饭。荷西以为那是蓝印纸，怎么都不肯吃。后来三毛带头吃了几口，看着三毛狼吞虎咽的样子，荷西终于也迟疑地拿起紫菜包饭咬了一口，下肚才明白这是紫菜。可是为时晚矣，悔亦晚矣，因为三毛早就把紫菜包饭吃光啦。

不但荷西好骗，荷西的上司也好骗。有一次上司听说荷西家的“厨娘”做饭有一手，于是专程来荷西处吃饭，还点名就要莴笋。这可把三毛急得不知如何是好，她没有莴笋，但是又不能跟老板摊牌。一番抓耳挠腮之后，三毛最后拿黄瓜代替了莴笋做给老板吃，那个上司还吃得津津有味的，直夸三毛手艺好呢。

除了厨艺，两人的审美眼光与生活情趣也使得他们在坟场区的小家成了远近闻名的梦幻城堡，竟然还有人远道而来专程去三毛家参观，参观完了说了一句令所有人惊叹的话——你们已经把罗马建成了。

这是多么高的评价啊！

原来三毛继续着她的拾荒梦，什么东西灵光一闪就捡回来用了，竟也总是用得恰到好处，十分相得益彰。

比如一个废旧的汽车轮胎，三毛捡回家洗净，放在客厅里当座椅，竟也引得来客纷纷抢着坐。坐在这个特别的椅子里就像是国王坐在御前宝座上一样。

还有那两副完整的骆驼头骨，作为结婚礼物的头骨，就这样展放着，供来客参观。那两双空空洞洞的眼睛仿佛熟谙世事一般，从容地应对着所有的来客，让所有的来客都叹为观止。

缺少珠光宝气的饰物，三毛也并不介意。也许在头发上插一把芹菜会比戴那些闪闪发光的首饰更美更自然呢？荷西就觉得这样的三毛很美，很清新，很有自然田园风光的味道。

在这个温馨的小窝之外，确确实实便是荒凉的沙漠了。可是只要心是暖的，到哪里都不荒凉。

沙漠环境气候恶劣、干燥缺水、交通又极其闭塞，靠步行若是碰上毒日狂风，怕是走一天也到不了目的地，还很有可能被埋在沙地里。

三毛正是鉴于此种情况，便总是竭尽所能地与人方便。她与荷西买了他们心爱的汽车之后，总是争着谁开。等终于有了一个固定的行程之后，三毛便经常开车出门，在路上遇见在沙漠里艰难行走的人，不管危险与否，她总爱停下车来搭载他们。

有一次遇见一个小男孩，放不下自己的自行车硬是不肯上车，但是又很渴。当时三毛没有水了，劝不动他也只好狠狠心踩着油门回家了，但是回家之后总是不心安，越想越觉得那个小男孩处境很危险，于是冒着狂沙又给小男孩送水去。荷西虽然总是说三毛多管闲事，骂她傻，但是当自己也遇到这种事时，也忍不住做傻事了。

这两个大傻瓜为荒凉的沙漠增添了一点不一样的风景。

还有，沙漠里的医疗卫生条件落后，当地人的风俗禁忌又不允许女人去医院看病，三毛一开始出于同情心总是用自己带的一点小药品给她们治些小毛病，没想到阴错阳差居然都治好了。后来“慕名而来”的人便越来越多，要求她治的病也越来越大。三毛鼓捣中医古方、偏方也大都是治好了的。两个人其实都提心吊胆的，尤其是荷西，生怕她给人治病不成反害人性命，最后搞不好被人索命，于是常常制止三毛的“胡闹行为”。但是天不怕、地不怕的三毛还总是避着荷西偷偷给人看。

终于有一天摊上“命案”了——邻居临盆，要请三毛接生！这可是人命关天的事啊。三毛这回也慌了神，但是咬咬牙看看生理卫生的书还是硬着头皮答应下来了。正当要动身的时候，荷西回家了。

荷西吓了一跳，随即制止三毛给人接生，很坚决地将邻居送到医院去生产了。

后来呢？三毛的名声不但没有破坏，而且还使得沙漠里诞生了第一个在医院由医生接生的小娃娃哩。

这沙漠的生活被三毛过得可真是有滋有味、有声有色的。怕是给陶渊明知道了，也不要那世外桃源了，赶来撒哈拉和三毛荷西一起做伴了吧！

写意，写心

三毛的写意时光，大概可以说是从她的美术老师顾福生开始的吧！

因为这个温柔细心的男人，三毛爱上了美术，爱上了画画，爱上了小说，爱上了文学，爱上了艺术，爱上了顾福生。

那一段时光是三毛的写意时光，从三毛的画里就可以看出来。三毛的画，写意居多，即使是写实，也能从中看出无限的意来。三毛的大姐就是这样评价她的——若不是三毛成为一个作家，她去画画也是会很有一番作为的。而这个画画的启蒙老师，便是顾福生。

一段写意的时光里其实可以写多少次心啊，只是被写的人不知晓，或者知晓也不能够接受罢了。

那时的三毛还小，不过是像顾福生的妹妹那般年纪，又青涩又自闭，也不知道打扮自己。看见他妹妹的那一瞬间，三毛自卑得无地自容。从那以后她也开始注重打扮，要母亲买了一双小红鞋，红得鲜艳夺目，穿去给顾福生看。可是这位一心教学的老师并没有发现这个偷偷喜欢他的小女孩的变化，但是他却发现了她的文学天赋，将她的一篇稚嫩的习作给白先勇拿去发表了，这也算是这段写意写心、画皮画骨的时光里一个小小的回报吧。一如当初的张爱玲拿着她的初作投在周瘦鹃主办的杂志上，从此一发不可收拾。

她的语言并不华丽，但是直抵人心，像身边的一个熟极了的好朋友，用文字与我们进行交谈。她从不为自己的文字涂脂抹粉，像是天生丽质的邻家女孩，并无扭捏之态，字里行间透出的灵气能直入人的心窝。

读三毛的书，并非等同于读其他的纯文学类型的作品，更不同于读厚重严肃的学术著作。在某一个阳光明媚的午后，或是怅然失意的晚上，随便靠在某一个角落，只是想与时光对话，而不是出于要增加一点文学修养，或是多积累一点学术知识。

读三毛的书，有很多闪着光的句子。读到那里，我们会停留良久，那字词与某种经验不谋而合，达到了某种共鸣，于是我们深深地、深深地被打动了，是被那句子，也是被自己的心。

不过，我们永远不会把那些句子用红笔记下来，就像是对待意味深刻无须反复诵记的知识点，让它出现在应试的作文里。对我们而言，那就是一本陪伴我们成长的、一本有着薄薄脊梁的小书，它们可能出现在伸手能及的任何一个地方。

如果说张爱玲是西方的油画浓墨重彩的话，那么三毛就是我国的写意泼墨。一方面她是传统的，爱着那个触碰她心扉的人，默默无言；另一方面她也是大胆的，在一张未经雕琢的白纸上，敢于这样肆意地泼洒墨汁，不计最后结果究竟是杰作还是残次品。

也正是这样的大胆和不计后果成就了她的那一段写意时光吧。台北泛黄的雨季，青涩微张的花季青春，那只张开翅膀展翅高飞的青鸟，那些流年里化成透明的人与事，都是那么适合写意。

每个人的人生里都有这样的一段写意时光吧！

在这一段时间里，天是蓝的，云是白的，草是绿的，花是红的，风是软的，杨柳是依依的，江南都是近的。天阴是美好的，天晴是美好的，天雨仍是美好的；春暖花开是美好的，夏日蝉鸣是美好的，秋风萧瑟是美好的，严冬腊月仍是美好的。在铺着桌布的玻璃桌上看见蓝天白云的倒影都会是怦然心动的，看见它们缓缓地移动都会是妙不

这一辈子最宝贵的梦想。

正像前文提到的兰迪·波许教授一样，真正实现你童年的梦想，不在于你有多么紧地抓住它，而在于你一辈子都记得它，在你的心里永远都有它的一个位子，无论你的心已经是多么的满了。也许你并不能马上实现它，但是你一直在做跟它相关的事情，或者一直在做为它做铺垫、奠基的事情。到最后，也许你曲线救国，也许你姗姗来迟，也许你一辈子都在观望，也许它到死都没有成为现实，但那毕竟是一个陪伴了你一生的梦。这样一个梦该是多么温暖而明媚啊。

年少的时候，三毛的自由与浪漫正弥漫在校园的各个角落，在“为赋新词强说愁”的年纪里，女孩子们喜欢读她的书，并总想学她的样子去流浪，更希望在流浪的途中遇到大胡子荷西。我也是那些怀揣梦想的女孩之一。

三毛的梦也曾有过很多，像每一个小女孩都会向往的一样，她梦想长大，快快长大到那个可以穿丝袜的年纪，长大到可以穿衣打扮烫头发抹霜抹口红涂指甲油的年纪。当她从黄毛丫头长成青春少女，离那个梦想更进一步的时候，也许她还没有意识到。而当她真正长成一个女人之后，梦想实现了，她却开始怀念那段逝去的青春年华，怀念那只不飞的青鸟。

她也像许多其他小女生一样，做过一个早早结婚的梦。三毛在念小学的时候，就对那个同她一起演匪兵的光头男生“想入非非”，每天祈祷观世音菩萨让他们两个相爱。结果后来同学会的时候再看见他，却是在心里谢天谢地当年两人没有在一起。而后来面对众多外国男友的追求攻势与诚信求婚，三毛也不再像小时候那般向往与激动，反而是排斥与不知所措了。观世音菩萨是灵的，不灵的是梦本身吧。

还有那个众所周知的拾荒梦，那个因为一篇作文而被老师知晓的梦，那个被老师严厉斥责并驳回重写的梦，那个不被现实社会所接受的梦，最终却成就了三毛，陪伴了三毛一生，造就了一个另类的她，也给了她很大的财富。家里那些大大小小的“宝贝”，很多都是她拾荒的成果。到晚年她却可以像传家宝一样细数这其中的往事，怀念这些宝贝承载着的旧人旧事了。

爱是一个诺言，也是一场盛宴。爱有时候是对人性的最大考验。之于爱情，三毛的经历也是充满梦幻色彩的。无论是光头匪兵的爱情，舒凡梁光明的爱情，美术老师顾福生的爱情，日本人的爱情，德国人的爱情，堂哥朋友的爱情，有妇之夫的爱情，网球老师的爱情，荷西的爱情，王洛宾的爱情，相亲不成的那些个教授商人名流的爱情，乃至于许许多多偶遇者的爱情，乃至于许许多多扑朔迷离被人猜测的爱情……

三毛这一生的爱情太多太特别太引人注目了，传奇得不像是真的，乃至于有很多人开始质疑三毛写作的真实性，怀疑那些爱情都是子虚乌有的。当然三毛自己说过，她所写的东西都是真实的，不真实的东西她写不来，她编不出来。当然三毛也说过：“你们都被我骗了，我是我，三毛是三毛。我做我。”

无论真真假假虚虚实实都好，三毛的爱情确实是她一生不落的梦。

第七章

生命：一个灵魂，一个背影

知心的相遇

一个完满的人生不过于这两种：被爱包围的，被许许多多人爱着；充满爱的，爱着许许多多人。

爱你的人，不过是这三种：你的父母亲人，你的爱人，和你的朋友。你爱的不过也是这三种：你的父母亲人，你的爱人，你的朋友。

朋友处在一个奇妙的位子上。进一步，他可以是亲人；深一点，他可以是爱人；真一点，他可以是你自己；退一步，他可以是陌生人。

普通朋友是日常的润滑剂，可以和你一起谈天说地、东拉西扯，但是没有什么更深的感情，真正的心里话你还需要找一个更知心的人来说。

而每一个知心的朋友都可以是你的亲人、你的爱人和你自己。很多时候，我们把我们所有的感情都倾诉给知己，无论是清官难断的家务事，还是与人之间发生的小摩擦，还是自己的爱情经历。每一个相聚的夜晚都是一场敞开心扉的交谈。两个知心的人遇在一起可以无话不谈、废寝忘食。而当身边没有这个人时我们会寝食难安，心里空荡荡的没有着落，觉得人生空虚而没有寄托。

我们的汉语里有知己、知音一词，进而又有红颜知己与蓝颜知己之别，我想这也正是我们的传统文化里对于友情的重视之处。

在其他异国文化里，并没有可以与我们汉语中的知音相对应的词，这也从某种程度上说明了他们的民族文化里，友情到这一层面的不多。

古往今来，从最初的伯夷叔齐一起饿死首阳山，到后来俞伯牙钟子期的高山流水、弦断有谁听，再到刘备关羽张飞的桃园三结义，我们的民族文化里友谊的典范不胜枚举。情深义重是一种，因为懂得，所以慈悲又是一种。前者如外国的马克思恩格斯便是一例，后者如俞伯牙钟子期便是一例。

父母亲情是生来就有的，与生俱来的，你没得选择。你的家族，你的亲戚，你的阶层，都是整个你生来就固定的大环境。但是爱情和友情则需要等待，需要缘分，需要你把握时机，需要你好好珍惜。

一份友情得来何其不易。你们原本是素不相识的两个人，萍水相逢，却因为彼此的性格气质相投，心灵相通，思想相似，人生观、价值观、世界观一拍即合，你们走到了一起，不为名不为利，仅仅是为了纯粹的精神世界。

每个人来到世上，都是匆匆过客，有些人与之邂逅，转身忘记；有些人与之擦肩，必然回首。你们从陌生到熟悉，中间经过了无数的试探练习，小心翼翼，然后你们真的是熟了，你们总在不经意间在彼此身上发现自己的影子，你们是那么惊喜。因为等待了这么多年，终于等来了这样一份真挚的心有灵犀的友情。

如果你是女生，你的朋友也是女生，那么你们不仅是知己，你们还是姐妹，你们像家人一样无话不谈，坦诚得没有底线，也许会比家人更信任，说更多连家人都不会说的话。你们会是一辈子的伴侣，无论你以后婚姻幸福与否，是结婚离婚还是再婚，她都会一直在你身边，不离不弃。也许有一天，你要面临送走父母长辈的难关，也会有她一直陪着你。

如果你是男生，你的朋友也是男生，那么你们也不仅仅是知己，还是兄弟。你们会一起谈天说地侃大山，会一起喝酒抽烟打篮球，平时嘻嘻哈哈，有难时却仗义相助。也许“情到深处”会像那首臧天朔名为《朋友》的歌一样，“朋友啊朋友，你可曾想起了我，如果你正享受幸福，请你忘记我。朋友啊朋友，你可曾记起了我，如果你正承受不幸，请你告诉我。朋友啊朋友，你可曾记起了我，如果你有新的，你有新的彼岸，请你离开我，离开我”。

如果你们是异性，你们会像兄妹或姐弟一样相亲相爱。你们的心意彼此都懂，不用多说话就知道对方心里想的是什么，熟悉对方的生活规律作息习惯，甚至像恋人一样毫无顾忌地亲昵欢乐。你们是对方眼中唯一的、不可替代的红颜知己或蓝颜知己。即使以后有了各自的家庭，也彼此会是对方一辈子的依靠与牵挂。

也许相知更深的，最后便走在了一起。恋人不都是这样的吗——相遇，相识，相知，然后相爱。很多人都说不相信男女之间会有纯粹的友情，其实只是因为友情太深，变成了爱情而已。就像恋人之间一样，真正的爱情，不正是相爱过后的相亲，恋人之后的亲人吗？

友情在我们的生命中有着不可代替的位子，谁都不可缺少。

从这一方面来讲，三毛是一个无比幸运的人。她有那么多爱她的人，无论是亲情友情还是爱情。

[illegible]情，她有那么那么爱她的父母，为她操了一辈子的心，把几乎所有的爱都倒向她这一[illegible]辈子为她担惊受怕、对她小心翼翼，最后还要忍受白发人送黑发人之苦却没有丝毫的[illegible]她还有亲爱的弟弟妹妹姐姐，在她生前身后，都在人前人后为她张罗着、辩护着、[illegible]

赞着、守卫着。在她对学校敏感的时期，他们说学校的趣事时都偷偷说，怕伤了她的心。尽管三毛对兄弟姐妹漠不关心，他们也从来没有责怪过她，始终在心里支持她、理解她，默默地为她守护着。

爱情上，除了那个众所周知的荷西，那个等了她足足六年、在表白不成还一度流泪想要自杀的荷西，那个为了她一头栽进撒哈拉的男人，那个为了她最终葬身海底的男人，三毛还有其他许许多多为她付出的人。

最开始的舒凡，因为她的纯真与执着与她走在一起，后来苦于三毛的敏感，但是仍然感念三毛的真挚，不忍心伤害她，没有提出分手，最后遭遇“逼婚”，两人抱头痛哭，才说了一句“祝你愉快”，这是一个多么懂得爱护女生心灵的男生。

后来的顾福生，也是温柔而儒雅，从不会对她发脾气，还仔细地发掘这个女孩的天分在哪里，尽管后来遥赴巴黎，还记得在奔赴远方之前将这个敏感多思的小女孩托付给好友看顾。

在西班牙遇见的日本同学，也是痴心一片，总是送各种礼物，后来居然送了名贵的汽车作为求婚礼物。尽管求婚不成，但还是体谅三毛，从不催逼，最后默默退出。

而他退出之后紧接着的那个德国人，也是想要跟三毛共度一生的，甚至连双人床的床单都买了，最后却双双去退了货。

再到后来堂兄的朋友，也是堂兄托来照顾她的，一来二去的就对这个姑娘产生了感情，也是苦苦地求婚，一直追求到台湾去。

回台湾之后，又有当地的艺术名流与三毛相识，为了她先离了婚，尽管后来两人也是以不愉快的离婚收场，也可说是仁至义尽了。

后来，那个德国的网球老师也是极其爱她的，只可惜在结婚的前一天因为心脏病突发去世了。而在荷西去世之后，在马德里偶遇的希腊男子，她所苦苦追寻的王洛宾，对她都是怀着满腔的爱怜与尊敬的。

而在友情方面，三毛更是收获了无数的关心与爱护。当然，她对朋友也是满腔热忱的。在台湾，齐豫、琼瑶、白先勇、林青霞等名人都是她的好友；在大陆，贾平凹、张乐平等人对她也是真诚赤怀。在西班牙，游学期间她有无数师生好友，还有徐伯伯的悉心照顾。在撒哈拉，她也同样有各色各样的朋友。后来呢，无论是在加纳利岛还是在拉巴马岛，三毛走到哪里都很快会有新的朋友，而且这些朋友对她都是仁至义尽的。

琼瑶曾经花了七小时同她论辩，劝她不要自杀；贾平凹在她死后写了数篇怀念她的文章；林青霞经常与之通信交谈；齐豫用歌喉完美地诠释了她的橄榄树之心；加纳利岛的朋友在她死后有如马中欣这样“心怀不轨”之人前来求证三毛生平时，都热心维护；张乐平夫妇更是把她当家人子女一样来疼爱……

正是在这些真挚友情的滋润下，才有了今天我们所熟知的那个活泼洒脱、自爱爱人的三毛。

友情的光辉不可不说是伟大的。

对待一份关系，你得学会不怕讨厌人，也不怕被人讨厌，当你确定了自己的原则之后，不要一再退让，学会说不，学会做自己，学会执行自己的原则。

为滋生，为滋长

沙漠给人的感觉往往是荒凉的、寂寥的，有时候也是令人畏惧的。当然，在众多冒险旅行爱好者眼里，那也是最迷人的、最值得一去的地方。

在不同人的眼中，世外桃源的定义各不相同。有时是山，有时是水，也有时是沙漠。这或许是前世的召唤，在一些人的梦里，冥冥中似有股力量在用力，让人最终走向那片心心念念的沙漠。

或许是因为喜爱三毛，我在骨子里就对沙漠有着非同一般的向往之情。一次情伤过后，我鼓足勇气走近了那里。

仿佛是近乡情怯，在走入梦想之地的时候，心情也是恍然的。可是，当脚步踏进那里的一瞬间，原以为固封了的灵魂被一种无形的能量激活了，那一刻，胸膛里燃起一种说不清道不明的情绪，仿佛想大哭，又仿佛想大笑。

放眼望去，那灰黄的颜色直至眼界尽头，没有一丝华丽的点缀，只有流水般的波纹，记录时空的轨迹。

在这种境遇下，任何语言和感触都是多余的。在无声的世界里，我将鞋子脱掉，赤脚走在柔软沙土中间，感受在那个空间里，人是何其渺小。那一刻，我仿佛一粒沙，游走在大地表层，一个不留神就会被风吹走。

这世间，有很多飞短流长，爱恨悠悠，它们匆匆而来，又急急退去。最后，岁月赐予我们一颗疲惫之心和一份美丽的回忆。伫立在沙漠里，谁还能记得什么尘世间的缤纷呢？只留一片如水心境，宁静，安稳。如有机缘，顶着那片浩渺苍穹，还有烈日流云，不妨就品读这片宁谧里蕴含的天机吧。

沙漠仿佛没有记忆，它从不存留人类的脚印，无论谁跺脚，想踩出一个多么深的足印，一阵微风过后，所有的痕迹便消失殆尽，它任凭人来，任凭人走，绝不牵牵绊绊、不拒不弃、不依不舍、不偏不倚。

就像时光。

不过，在一片漫漫黄沙里，也会不可思议地有生命的存在。众所周知的仙人掌已是不必多言，各种小小的植物动物昆虫也在这一片没有养分的土地上生长着。骆驼虽不是生于兹长于兹，但却似乎天生是为兹生为兹长的。

除了这些似乎与沙漠浑然一体的生命，还有那些使人惊诧的生物默默地存在着。火红壮硕的天堂鸟、为人称道的“沙漠玫瑰”，都用自身华丽的存在证明了沙漠的美丽。她们默默地经受着风沙，忍受着太阳炙热的灼烤，忍耐着沙漠无边的寂寞，开出自己的芳华。她们用自身娇嫩艳丽妖娆而又顽强铿锵的身躯，默默地向这个世界展现着沙漠的另类之美。

三毛又何尝不是这样一朵沙漠之花呢！她的长发在风中飘散，她的长裙随风飘舞，她的黄皮肤黑眼睛在这片异国的沙漠上闪耀着奇异的光芒。她的整个生命都充满了热情，我们似乎都能听到她身体里强有力跳动着的脉搏，沸腾翻滚着的热血。她对这个世界是充满热忱的。

这片沙漠因为她的到来而发生了许多趣事，发生了许多改变，而她也被这片沙漠深深地影响着。

这片沙漠因为她的到来，坟场区不再寂寞。有那么多的邻居朋友甚至是素不相识的人，愿意来她的家里做客，不论是出于欣赏也好，出于有求于人也好，出于友情也好，那都是这个家以及他的女主人富有魅力的体现。

这片沙漠因为她的到来，第一次接触到了与这个原始的世界毫不相同的东西，比如镜子、相机。这些在外部世界里那么普通而平凡的东西，在这片尚未开化的沙漠里却显得那么新奇。

沙漠的居民们极尽所能地索取，而三毛则极尽所能地给予。索取的人不以为耻，将之视作理所当然，给予的人也不认为这是恩惠，慷慨大方。只是这样的“不平等关系”却还是引来了当地居民的不理解与恐慌，原因只是因为相机与镜子在当地人眼里都是吸人精魂、取人性命的巫邪之术，任三毛怎样解释都没用，于是只好作罢。

这片沙漠因为她的到来，第一次知道了女人也应该有女人的权利。女人不只是生孩子带孩子的工具，她也是一个活生生的人。女人第一次在三毛与荷西的强烈要求下去了医院看病，看的还是“分娩的病”，打破了沙漠里女性不能去医院看病的风俗。

她们也第一次知道了女人也可以工作，也可以当家作主，可以对这个家里的事情做决定。她们知道了女人不应该那么早就结婚，不应该一结婚就生孩子，不应该被父母牵来送去，她们也有自己的权利。她们第一次知道了女孩子也是可以受教育的，可以认识很多字，学到很多知识。沙漠里的男人女人老人小孩都被这个奇特的异国女性给吸引了、给迷惑了。

尽管这中间有过障碍与阻拦，但是无论怎样，这朵热情的沙漠之花为这个沙漠带去了一抹不一样的奇异色彩。

而这朵热情的沙漠之花也逐渐被这个沙漠影响着，了解了许多当地的风土民俗，熟悉了当地的生活习惯。这是十分庞大的收获。

刚来到这片沙漠，这片沙漠便以其自身的真实面目给了三毛一堂受益终身的课。这片沙漠用自己童话的幻象与残忍的现实让三毛学会了当天真遇上现实时，不必唉声叹气，也不必怨天尤人，而是保留自己的天真烂漫，同时也勇敢地面对现实。沙漠的生活教会了三毛自立与感恩。

这片沙漠里的居民更是带给了三毛巨大的震撼。女人地位的附属性让她知道了自己生活的得之不易，也让她学会了对自己的生活境遇感恩。对现代文明的一无所知，也让三毛更加感知到自己肩上责任的重大。那些迷茫的眼神让善良的三毛动容，她选择了义无反顾地将自己的所有贡献出来去帮助他人。

而沙漠里发现的一切奇异景象，也让三毛不再以纯粹“科学”、纯然“理性”的眼光看待这个奇异的世界。沙漠里频频出现的飞碟，让她意识到地球并不仅仅是这个宇宙里唯一的有生命存在的星球，她开始给外星人的存在留着可能性。

这片沙漠似乎是为三毛天造地设的，一切都那么顺其自然、天衣无缝。三毛也似乎是为沙漠而生的，像那一捧暗自倾心于她的朋友送的天堂鸟一样，在不知不觉中却绘就了一幅关于沙漠的恢宏画卷。

绘梦之卷的那个人，正是一朵热情的沙漠之花。

一刹那，羽化成蝶

生命是一件天地间最伟大的事情，它蕴含了这个宇宙无限的可能性与无限的未来。没有人可以预测到下一步的发展方向，而它自身又是一件那么匪夷所思的事情，是上天的恩赐，也是自我的经营。

生命本身就包含了无限的内蕴，哲学、文学、艺术、美学、宗教、科学等，都从这样一个看似不显眼的生命体中衍生出来。而每一个生命又都是独特的，世界上没有完全相同的两片树叶。每一个生命所侧重的内蕴是不同的，所以才有了这个世界上形形色色的人。

形形色色的人，走着不同的路，怀抱着不同的梦想。有的人成了诗人，有的人成了哲学家，有的人成了史学家，有的人成了画家，有的人成了音乐家，有的人成了科学家，有的人成了教徒，有的人……

每一个人出生成长的环境造就了他们先天发展方向的不同，而他们后天的努力与选择也决定了他们生命特征的不同道路。每一个有独立思考能力的人，对自己的生命与这个赐给他生命的世界有感悟与想法的人，都是对得起自己生命的，无愧于这仅有一次的生命机会。

每一个这样的生命体，都是在用他们的生命写就生命的美学，写就生命的诗篇，写就生命的历史，写就生命的宗教信仰，写就生命的哲学，写就生命的画卷，写就生命的乐章，写就生命的自然定理……

尽管他们的年龄不同、性别不同、职业不同、喜好不同、国别不同，甚至种族种类都不同，但共通的是对于生命的虔诚与热忱——每一个生命体都在用自己的最大能力谱写生命的美学，这就已经足够了。

或许，人们都已经渐渐发现，一个生命体无论他在经历中与其他人有多少不同，只要他们都有对于生命的思考与感悟，最后的结局都是相同的——他们垂下眼帘，对自己深深热爱过的生命说再见。这不是放弃，他们仍然想主宰自己的命运，他们对这个世界爱得深沉。

看看梵高，对于太阳，对于向日葵的无比热爱使得他失去了自己的耳朵，最终失去了自己的生命；看看海明威，基于生命中坚强特性的独特领悟，这个身经百战、身受重创的硬汉，最终以一柄手枪结束了自己的生命；看看海子，这个对于生命过早地有自己感悟的性灵，这个无冕之王与行吟诗人，最终抱着《圣经》葬身在隆隆列车的呼啸声中；看看弗吉尼亚·伍尔夫，这个英国第一位杰出的意识流女作家，这个在当时英国女性还没有冲破牢笼的环境下诞生的女作家，在自己家郊外的田野里，在那一片迷人的风景中，静静地走进了河水深处。

回过头来看看三毛。这个带着无数的爱与伤行走天涯的奇女子，这个对生死有着执着而痴迷爱恋的生命体，最终出于伤痛，出于思念，出于她对这个世界无声的爱恋，用一根丝袜结束了自己的韶华。

这些人并非冷漠，也并不是不懂得生命的珍贵，不是不明白亲友的关心与爱护，也绝对没有对这个世界深恶痛绝，但是他们为什么选择了这条道路？

因为他们对这个世界爱得深沉。

他们选择用自己的生命去谱写美学，选择像孱弱的飞蛾一样，明知无望，还是奋力扑向那熊熊燃烧的火焰，只为了那一刹那的光明。身体焚烧成灰的一刹那，心灵却羽化成蝶。

三毛的死亡，是一个时代的心结。这种绝望和哀愁，传递到一个时代中的每个人的心底。

人们热爱三毛，归根结底是感受到了潜藏在自己心底的生命的矛盾。一方面，我们热爱自由，渴望热情地拥抱全世界；另一方面，我们也热爱孤独，感受那冷，又享受那种独处。

三毛的最终选择就像一面镜子，让人们猝不及防地看到了自己的脆弱。她的一生是一支唯美的流浪之歌，唱进了无数人的心里。

在成长的历程里，我丢弃过无数的偶像，他们被我贴上懵懂的标签，遗忘在时光里。但是，我却从未忘记三毛。相反，随着年龄的增长，我越来越怀念她。

少年时候读她的书，感受到的是一种从未拥有过的轻松。她的倔强、她的自由、她的希望、她的梦想、她的喜、她的怒、她的哀、她的乐，统统都渗入我的内心。“原来世界是这样的!”我以为，那是她想告诉我的一切。

曾一心梦想去感受撒哈拉，曾陪《哭泣的骆驼》一起泪光闪烁，也曾感动于她的绝世爱情。成长的岁月里，每一次重温她的作品，都有新生出的感慨万千。

渐渐地，我懂得了几分世故，遭遇了几分烦恼。体验过血泪齐流，爱恨交织，悲喜缠绵，我才知道，这才是真正的生活。

我所能做的，也只是努力寻找那条属于自己的路，用心期盼着——雨季不再来，更加折服于她所坚持的那份天真、那份浪漫。再读三毛，有时只因为不想丢掉昨天的自己。

而死亡，的确让人不忍直视。那一天，太阳落山了，却再也没有升起。当三毛下定了决心，投身于那片黑暗，远离爱她的人，走进那旋转的轮回，去寻找她的大胡子荷西而留下一抹背影时，全世界都心碎了。尽管，她曾向朋友许诺过，绝不做傻事。

那时我还小，只能读得懂新闻的表层，但是我仍然可以感知死亡的残酷，无法明白一个人对死亡的自主选择。

那时候，多少人热衷过三毛的追梦。可是，当三毛的梦结束了，人们的梦，究竟要怎么办呢？

许多人分析过三毛的死因，有人说三毛不能忍受疾病的折磨，也有人说三毛因为对爱情的绝望而失去生活的勇气，甚至还有人说是因为与功名利禄的失之交臂。

可这些，总归都是关心三毛的人所推测的，即使是在眭澔平提供的那封所谓的遗书中，也看不出三毛自杀的真实原因。虽然所有的理由都貌似有理有据，可我却不忍，也不愿推敲。

我热爱她，只是因为她有勇气，敢于为了追寻心中的“橄榄树”而踏遍千山万水。所以，我虽会感慨，却不愿分析她是为何去世的，如果死亡仅仅是一次人生的选择，那么如果那可以使她放松，我愿意以沉默去表达尊重。

在一次媒体采访中，三毛的大姐陈田心曾经这样说过：“现在想想，可能三毛觉得就这样离开也很好，更放松。所以就不愿回头，一路地走了，一切都只在她的内心，所以没人能救她。”

性格刚烈如三毛，她的心如此独立，她对梦想如此执着，绝不会按世俗的塑造去走她的人生。她的呼吸，她的温度，仍然留在黑白相间的纸页上。

孟德斯鸠说：“上天给予我生命，这是一种恩惠；所以当生命已不成其为恩惠时，我可以将它退回；因既不存，果亦当废。”

在我心里，三毛选择离开，那只是她众多人生选择中的一个。假如，今生已经实现了追梦，体验过生命的温暖和凉意，如果灵魂已无处安放，那么何不再度踏入来生，带着今生的遗憾与期待，再来一回千山万水的跋涉。

况且，一个灵魂走了，却鼓舞千千万万个相似的灵魂在沸腾。每个人都可以去追梦，他们在三毛的故事里，听得到熟悉的心声。

穿着长裙去沙漠

每一个女孩的生命中都有那么几条长裙，深深浅浅地印在这个女孩的脑海里，深深浅浅地印在这个女孩周围的世界里。那些长裙也许并不那么昂贵，也不那么奢华，也许其他女孩子身上也曾经出现过这样的几条类似的长裙。但是这一切并不能改变这一条长裙对于一个女孩子独特的意义。

当这条长裙已经老化得稀烂了，当有关于这条长裙的影像已经泛黄了，当发生在这条长裙上的故事已经模糊了，当这条长裙的主人都已经老去了，当一切都变得斑驳陆离而遥不可及了，那些曾经陪伴着那些如花生命的长裙，却永不会老去。

就像《牛仔裤的夏天》里一样，一条普普通通的裤子，因为这条裤子的主人，因为那个夏天，因为那些青春岁月，而变得富有魔力。那条牛仔裤成了所有人心中美好回忆的承载体，一如三毛那一条条斑驳陆离的长裙。

作为一个女人，三毛是幸运的。她拥有一头乌黑的长发，忽闪的大眼睛，颀长的身材，修长的腿，这一切都使得她今生注定与长裙结缘。

这样的女人穿起长裙来注定是风情万种的。

翻开三毛的相册，从那个还没长开的黄毛丫头，到那个魅力四射的沙漠之花，每一步的蜕变与成长，都有那一条条风格各异的长裙的功劳。

看她在台北的夏天庭院里的那一张照片，穿着学生式的连衣裙的她，躲在簇放的花朵后面的那张脸庞，展颜露齿一笑，一副盛夏的少女情怀，仿佛将时光带到了那个年代的台北。

看她扭身坐在台阶上，戴着黑色墨镜，剃着齐耳短发，那是又一个夏天。那时的她已经长大不少，眉宇间有了隐隐的倔强与决绝。

看另一张以近乎相同身姿出现的照片，那时的她已经过了大半的生命时光，戴着纱巾还戴着帽子，身穿一袭黑色长裙，上衣也是棕灰色的，脚蹬一双高帮鞋，一身风尘仆仆，一副风里来雨里去的朝圣者的模样。

看她在沙漠中行走时的那一袭白色长裙，与她被风吹散的长发奇异地结合起来，像一朵沙漠之花一样盛开在那一片无声又无边的沙漠里。

看她与荷西合照的剪影里，荷西坐在椅子上，络腮胡子，眼神澄澈，身着波西米亚长裙的三毛依偎在荷西身后，一脸甜蜜。

这个自小不爱打扮也不会打扮的小姑娘，长大后却引领了一代风潮。波西米亚风自她开始，流行了几十年，到现在有愈演愈烈之势，完全没有消退的迹象。除了牛仔裤之外，没有哪一种流行风潮可以延续那么久的时间，有那么顽强的生命力。

三毛独特的审美眼光由此可见一斑。这也是一个旅行者特有的魅力，是一个旅行者特有的收获。

我们除了艳羡，唯有赞叹。

而三毛另一个跟长裙的缘分，便是她的发式。从小到大，即使是人已中年的时候，三毛仍是喜欢扎两条“村姑辫”，天真烂漫。这样的辫子是最与长裙相称的了。三毛似乎生来就是为了穿长裙的，生来就是为了去沙漠的，生来就是为了穿着长裙去沙漠的，生来就是为了去沙漠里穿长裙的。

一个注定要闪耀奇异光芒的生命，在这一条条斑驳陆离的长裙的衬托下更显出低调的奢华。这份奢华不是外在的珠光宝气，而是内在的高贵典雅。

三毛是自己的王者，她穿得出这样的风范，不仅仅是因为她自信，也是因为她洒脱，不顾及世俗的眼光。

李敖曾经这样评论三毛的装束："三毛现在整天以'悲泣的爱神'来来去去，我总觉得造型不对劲，她年纪越大，越不对劲。有一次我在远东百货公司看到她以十七岁的发型、七岁的娃娃装出现，我真忍不住笑，这种忍不住笑，只有看到沈剑虹戴假发时，才能比拟。"

而三毛并没有因为这样言辞犀利又丝毫不留情面的评论而生气或盛怒。他们见过面，一起吃过饭，三毛很友善，但李敖却很刻薄——"有一次，皇冠的平鑫涛请我吃饭，由皇冠的几位同仁作陪，我到了以后，平鑫涛说：'有一位作家很仰慕李先生，我也请她来了，就是三毛。'于是他把三毛介绍给了我。三毛很友善，但我对她印象欠佳。三毛说她不是个喜欢把自己落在框子里去说话的人，我看却正好相反，我看她整天在兜她的框框，这个框框就是她那个一再重复的爱情故事，其中有白虎星式的克夫、白云乡式的逃世、白血病式的国际路线，和白开水式的泛滥感情。如果三毛是个美人，也许她可以以不断的风流韵事传世，因为这算是美人的特权，但三毛显然不是，所以，她的'美丽的'爱情故事，是她真人不胜负荷的，她的荷西也不胜负荷，所以一命归西了事。”

但是三毛始终没有反击，因为她做她自己，她活得坦荡荡。

也只有这样的人才配得上着一袭长裙，配得上一辈子穿长裙。

第八章

信仰：一生在路上，一生去流浪

放下尊严去流浪

三毛这一生，永远都在路上。身在路上，心在路上，家在路上，爱在路上。

流浪是一个怎样的概念？看过《低俗小说》的人都知道，影片的结尾有这样一段关于流浪的讨论：两个黑社会喽啰，成天替人干杀人放火的事。直到有一次，两人被对面一持枪男子扫射了五枪，却没有一枪打在身上，全部都打在了身后的墙上，两人侥幸地避过了杀身之祸。这让其中一位主人公，我们暂且称他为甲吧，意识到了天命的所在。他认为是上帝显灵，是上帝下凡为他挡住了这五颗子弹。于是他苦苦思索，认为这是上帝的昭示，认为上帝让他金盆洗手的时候到了。

在一家咖啡馆里，两人喝着咖啡，又开始思索这个问题。甲说他要金盆洗手，从今以后不再杀人，而要流浪，四处流浪，去追寻自己生活的意义，去追寻上帝的智慧之光。而乙对此不以为然，他认为那只是巧合，并不是上帝显灵。对于甲从此要去流浪的想法，乙也是不以为然的，他认为流浪没有任何追寻信仰的意义，它只是一种类似于乞讨者的没有尊严的不体面的生活。你衣不蔽体，你风餐露宿，你流浪街头，你吃了上顿没下顿，你没有家，没有亲朋好友在身边，没有固定的社交圈子，没有医疗保险，你有什么？你只有一个破败不堪的身体，一个蓬头垢面的形象，一个破烂腌臜的背包，一个破碗，一个永无尽头的迷茫未来。

而你这样能换来怎样的收获呢？没有。你的流浪行为得不到大众的尊敬，得不到体面的生活，没有现有生活的安逸乐趣，没有父母子女。有一天，你甚至会忘了你是哪里人，你从哪里来，要去往哪里，你忘了你的家乡，忘了你的故土，忘了你的血脉亲人，忘了你的家族、种族、民族，最后你终于忘了你当初为何流浪，你只知道你一直在路上。

可是，这不正是流浪的意义吗？你不关心任何其他的，你只知道你在路上，一直在路上，永远在路上，未来一定还会在路上。

你付出了，付出了很多，可是你并不苛求回报。你将尘世间的功名利禄看得很淡。你没有原因没有方向，你只知道你一开始是下了怎样的决心要流浪，所以你一定要对得起这份决心，一定要坚持这份决心。

你虽然丢失了很多，但是你知道，上帝在冥冥之中守护着你，他替你挡住了很多的艰难险阻，让你拥有了许多次新的生命。这些新的生命是不在路上的人所体会不到、发现不了的。你失去的，上帝都会给你补回来。他在所有人之上，默默地俯瞰众生，那些行吟流浪且一直在路上追寻自己信仰的人，终将得福。

当你知道上帝显灵的那一刻，你会热泪盈眶，那种感动是你无论拥有多少功名利禄都换不回来的。那一刻，你会知道，所有的艰难险阻都是值得的，所有的失去都在预示着回报。

你丢失的尊严都保存在上帝那里，上帝会保护你，保护他的子民，一如影片中的一句台词——尊严，该死的尊严，它只是伤人，而从来没有帮助。忘了你的尊严吧。

而只有当你真正忘记它的时候，它才显示出它真正的意义，因为上帝从来都不曾忘记你的尊严，就像影片《当幸福来敲门》里的那个小孩说的一样：一个人掉在水里，有一艘大船来救他，他说不用了，上帝会救我的；不一会儿，第二艘船又过来了，他又说不用了，上帝会救我的；最后那个人当然是淹死了，他怒气冲冲地质问上帝，为什么我如此虔诚地信仰你，你却在我生死关头没有施以援手。上帝只好回答说：你这个笨蛋，我已经派了两艘船去救你了！

这不是一个笑话，而是一个耐人寻味的哲理故事。当你牢牢记住你的尊严的时候，尊严可能会让你送命，而当你忘记尊严置身现实中跟着自己的心走的时候，尊严却爆发出奇异的力量。

确实，只有当你忘记尊严的时候，尊严才会加倍地回馈你。像我国古代众所周知的韩信，当年在众目睽睽之下受胯下之辱这等奇耻大辱，日后却在群雄争霸中大有作为。倘若当时他逞一时之气，自尽了事，现在的史书上根本没有他的一席之地。世界上自杀的人千千万，谁会记得一个一事无成却因为受辱而自杀的小人物呢？

很多时候，尊严只是功成名就者的奢侈品，当你还是芸芸众生中不起眼的一员时，请试着放下你可怜的卑微的尊严去流浪吧，直到你看见上帝的光辉，直到你明白尊严的意义到底在哪里。

看看三毛的经历，我们如何能否认流浪的意义呢？虽然她一如无数的流浪者一样，一时冲动，踏上了去往异国他乡的路途，一去多年不知回头，并且渐行渐远，对这个光怪陆离的世界产生了不可言说的痴迷。渐渐地，她忘记了流浪最初的目的、最初的决心是什么。她只是心里有一个声音反复在响——不要问我从哪里来，我的故乡在远方，为什么流浪，流浪远方？并不是每个在路上的人都可以像唐玄奘一样，自始至终都知道自己在路上的目的。每每有人问及他自哪里来、要往哪里去的时候，都可以答上一句“贫僧自东土大唐而来，要往西天取经而去，望施主放行，在通关牒文上打个印”。

的确，像唐玄奘那样清晰地知道自己来龙去脉的流浪者不多，像他那样自始至终都有人结伴同行并且在妖魔鬼怪出现时都有人挺身而出的人更少（当然历史事实并不是这样的），他的流浪是奉命而往的，是有始有终有目的地的，他始终怀揣着自己的使命在路上。这样的流浪是值得敬佩的。

但是更多的流浪者并不因为某种目的而往，他们随着自己的性子，随着路途的曲折四散，随着上帝的指引而行。如果说一定要找一种同唐玄奘一样的目的的话，我想那不是经书，而是信仰。

每个人心中都怀有信仰——当然，前提是那是一个真正的人——但不一定就是宗教，宗教只是一种浅显与狭隘的信仰。真正的信仰是一种无所不在的感动与感悟，是一种一花一草一鸟一木都可以让你心绪万千热泪盈眶的巨大的不可知的力量。而你知道，那就是生命的力量，是信仰的力量。

三毛也是一个基督教徒，但是她并不狭隘。她也喜欢佛家，她也会看《金瓶梅》这样的书。在她的世界观里，宗教并不是一种限制你言行和思想的工具，而是拓宽你生命与价值的精神制剂。所有宗教都是同根同源的，只是表现的形式不一样而已。只要你潜心信仰，并不需要在各个宗教之间互相排斥、互相抵制。你会游刃有余、来去自如，那个时候你会发现自己不知何时已经成为一个世界公民，天下万物皆是大同，所有宗教在你眼里都是一式一样的。

正如那个写“长亭外，古道边”的李叔同一样，他是“二十文章惊海内”的大师，集诗、词、书画、篆刻、音乐、戏剧、文学于一身，在多个领域开中华灿烂文化艺术之先河。他把中国古代的书法艺术推向了极致，“朴拙圆满，浑若天成”，鲁迅、郭沫若等现代文化名人以得到大师一幅字为无上荣耀。他是第一个向中国传播西方音乐的先驱者，他所创作的《送别歌》历经几十年传唱经久不衰，成为经典名曲。同时，他也是中国第一个开创裸体写生的教师。凭借卓越的艺术造诣，他先后培养出了名画家丰子恺、音乐家刘质平等一批文化名人。就是这样一位艺惊四座、文压群雄的杰出文人，最终却苦心向佛。他过午不食，精研律学，弘扬佛法，普度众生出苦海，被佛门弟子奉为律宗第十一代世祖。他为世人留下了咀嚼不尽的精神食粮，他的一生充满了传奇色彩，他是中国绚丽至极归于平淡的典型人物。

就是这样啊，绚丽至极归于平淡。

而不懂得的人却以此为把柄，攻讦他人。如马中欣之流，即以三毛信基督教又信鬼神，读《圣经》又读《金瓶梅》等极为形式表面化的行为作为指责三毛心不诚意不正的口实。此实乃小人之言论耳，不值一听。

真正的流浪者不会问“你为什么流浪”这种问题，因为每一个人心中都有自己的答案。问这个问题的都是那些心怀不舍、驻足观望的人。对尘世有牵绊的人，总是问这问那，妄图得出一个权衡各方利弊的最佳结果。但是殊不知，最佳的结果是拾起行囊上路，而不是永远在原地算计，驻足不前。

也许有一天，你老死了。在闭目咽气的那一刻，你还在想，到底为什么要去流浪。而那个流浪了一生的人，会面带微笑地告诉你，因为我们在离开这个世界的时候是没有遗憾的、没有疑惑的、没有伤悲的，而你不是。

如果你也还在徘徊犹豫纠结，请你拾起行囊上路吧。永远不要问我为什么，只有当你自己在路上了，在流浪的路上了，你才会知道为什么。

流浪的哲学

活着的哲学跟流浪的哲学是一样的，是同源一体的。永远不要问为什么，拾起你的行囊，开始你的生活。

每个人生来就是不一样的，这世界上没有绝对的平等。每个人生来依托的社会人文、家庭背景就不一样，何来人生而平等之说？平等是相对的。他们所说的“人生而平等”是指每个人都有独立、自由和追求幸福的权利。至于环境怎样限制着或者催化着你的这些权利，那是平等之外的事，没有人可以解决。不一样的时代，不一样的国家，不一样的种族，不一样的民族，不一样的历史，生活在这个地球不一样的角落，不一样的家庭，不一样的父母，不一样的贫富，不一样的教育与生活水准……

这么多的不一样，决定着每个人在起跑线上就已经是不同的了。正如一幅漫画展示给我们的——有的人一个人赤手空拳地跑，有的人还要拖着一个破烂的家庭跑，而有的人则是坐在家里的高级轿车上“跑”。

生活有这么多绝对的不公，可是我们却还是要满怀希望、热情与信心地生活下去，那是因为生活还存在着很多公平的东西。这就是生活的哲学。

明明知道这个世界充满阴暗充满不公，还是以积极的心态面对生活，以自己的努力去改变命运，以自己澄澈的心灵去发现这个社会公平的、平等的、美好的一面，然后勇往直前地走下去，无论前方是荆棘遍野还是鲜花满园，无论前方是狂风骤雨还是风和日丽，无论前方是沙漠狂风还是碧海蓝天，都勇往直前地走下去。

因为尽管起跑的方式不一样，起跑的基础不一样，起跑的资本不一样，但是这个社会给我们设置了起跑线，给了我们通过自己努力奔跑冲向终点的机会，给了我们尽管基础不一样但是可以在奔跑的过程中超越别人的机会，给了我们做第一个冲过红线、夺得冠军、引得众人瞩目的机会。

所有人世间关于生命的哲学，都不是用来说与听的，而是用来感悟的，用来热泪盈眶的。

三毛虽然家庭已经算是殷实的了，时代也没有怎样的动荡，但是她的人生经历不可谓不丰富，各种沉浮起落生离死别她都经历了。再加上这是一个敏感多思的生命体，活着对于她来说便着实是一件值得深思的事了。

小学里被老师侮辱，心里留下创伤与阴影，后来闭门不出后，终于因为绘画而走出阴影，爱上美术老师顾福生，顾福生却远走巴黎。

后来在文化大学做选读生，爱上舒凡，舒凡却不同意她的求婚。

后来远走西班牙疗伤，遇上德国与日本男生，遇上荷西，却发现自己再没有爱的能力，对谁都不会打开心门了，更何况结婚。

后来回国，在咖啡馆里遇见他一见倾心，却在结婚后发现对方已是有妇之夫，不久便离婚了。

后来，在网球课上遇见了那个温文儒雅的德国老师，两情相悦即将成婚，却亲眼看见他心脏病发作死在自己怀里。

后来，她再度回到西班牙，同等待了她六年的荷西在沙漠里结了婚。在沙漠里，荷西的同事爱上了她，却因为太爱她，在送给她一束天堂鸟之后辞职离开了。

后来，幸福的日子没过多久，两人因为战火不得不搬出撒哈拉，去往加纳利岛。本来在岛上的生活优哉游哉，荷西却在潜水时出了意外死掉了，而公公婆婆竟然在荷西尸骨未寒时嚷嚷着分家产。

后来，她再度回乡，回到她出生之地，寻找根源。她回了乡，祭拜了祖先，带回了故乡的水土，认了故乡的干爸爸。

后来，有很多人给她介绍对象，她也遇见了很多缘分，但是她没有气力再追逐了。

后来，她远赴新疆寻找自己心中的情愫王洛宾，却被耀眼的镁光灯灼伤了心。

后来，她花了她所有的经历与心血写了《滚滚红尘》，到最后不但没有拿到奖，反而被攻讦为庇护汉奸。

后来，她疾病渐发，年轻时下体出血、易感冒、易胃疼的各种小毛病在后来都堆积膨胀成了顽疾。再加上她曾经出过车祸，下体出血的毛病愈加严重，从母亲那里遗传来的妇女病也逐渐严重，癌症肿瘤相继袭来。

后来，她在病痛中对荷西的思念日甚，终被天使带走前去与荷西团聚。

这样的人生过一辈子，何尝不是活着的哲学呢？

生命没有如果

辗转，辗转，人的一生有多少次辗转。也许是很多个难以入眠的夜晚，也许是很多次难以启齿的吐露，也许是很多种难以抵挡的灾难。不同的人辗转在不同的人生关口，不同的人有不同的辗转。

辗转，这么一个小小的动作，有多少不同的内涵。有的人辗转是因为喜悦，有的人辗转是因为痛苦，有的人辗转也许是心生的躁动，有的人辗转却是他人生最后一次生命体的象征。

革命形势艰难的那无数个夜晚，闻一多辗转难眠，而后应枪倒地遭人暗杀；在外漂泊的那无数个夜晚，李白辗转难眠，因为床前明月思故乡；在遇见绿蒂的那一个夜晚，维特辗转难眠，因为初恋的喜悦与芬芳冲散了疲倦；非典来袭的那无数个夜晚，医护工作者彻夜辗转，不是在家中温软的床上，而是在医院绝望的病房里；雅安地震的那一瞬间，多少还辗转在床上挣扎着起床的生命就这样消失？

雅安地震，又一次牵动了所有人的心扉。那些辗转在废墟里寻找生命迹象的人也牵动着所有人的心。第一次听说雅安是因为“雅安藏茶”，一种古老的茶，是因为雅安是茶文化的发源地，是因为雅安的美丽清秀。而不承想，第二次听说雅安，却是因为地震了。在第二次听说雅安的时候，我也辗转难眠。

所有人在这个黑色的四月都辗转难眠。

自然灾害可以引起所有人的辗转，那么多鲜活生命的逝去可以引起那么多人的辗转。但是很多时候，一个人的逝去也会引得所有人辗转难眠。

比如三毛。

得知三毛自杀的那一天，多少人震惊得吃不下饭睡不着觉？他们心中那个乐观坚强的新女性，居然选择了结束自己的生命。

在所有人辗转又辗转的时候，有没有人想过，三毛在结束自己的生命之前，是经过了怎样的辗转，经过了多少个夜晚的辗转，经历了人生中多少次辗转，她才会冒天下之大不韪，作出这样一个除了对她自己来说是解脱，对其他人而言都是残忍的决定？她才会抛下自己年迈的父亲母亲，让他们承受白发人送黑发人之苦？她才会抛下那么多爱她、关心她的兄弟姐妹、亲朋好友和读者朋友？她才会用自己一生向往的丝袜来结束自己一生经营的生命?

她曾经说过，她在荷西走了之后，深尝了自己至亲至爱之人离开的痛苦，饱受了对自己至亲至爱之人的思念之苦，承受着自己至亲至爱之人不在了的孤单之苦，因此她不会再让她至亲至爱之人承受这样的痛苦。她要走在所有人的后面，让这种痛苦都留给她自己来承担，她要陪伴她亲爱的爸爸妈妈，让他们不再担惊受怕，让他们有一个安稳幸福的晚年。她说她这一辈子最对不起的人就是父亲母亲。他们倾尽了全部的爱全部的精力来爱她，时时刻刻担心着她，担心她的身体健康，担心她的心理健康，担心她一个人在外受不住凄苦，担心她和荷西两个人的时候处理不好关系。

荷西去世后，陈爸爸陈妈妈更是担心得寝食难安，担心她陷进悲痛醒不过来，担心她脆弱得想要寻死觅活。

后来，三毛从悲痛中渐渐恢复过来，也明白了自己那些年的不孝，让父母为自己辗转难眠。于是，她立下誓愿，不再说寻死的话，不再做让父母担心的事。

她喜怒无常的日子渐渐地翻了页，她开始和常人一样生活。她在她的母校做了教师，像常人一样开始了她的职业生涯。她不再漂泊，也不再流浪，更没有再不断地寻死觅活。她像所有普普通通在自己的家乡生活了一辈子的人一样，和自己的老父亲老母亲生活在一起，也有人给她介绍对象，也有学生会叫她老师。

与别人不同的是，她久负盛名却并不以此赚钱，而是以此——以对大众的影响力——去教导人向善，去教导人乐观坚强，教导人热爱生命。

有谁会想到，那个在不久前还鼓励一位想要自杀的读者要坚强地面对生活，不许自暴自弃，要勇敢地和她一样活下去的三毛；在不久前还在媒体采访时哈哈大笑，像个捉弄人捉弄成功的小孩子一样大喊着“你们都被我骗了”的三毛，在不久后却选择了一条不归路？

她结束的已经不仅仅是自己的生命，而是他父母的生命，千千万万个读者的生命。

所有人都在哀痛，也都不解，更有人将之作为谜案来解读。但是，如果好好地回顾一下，就会知道，她作出这个决定曾经有多少迹象、多少征兆，她已经将这个生命延续到了她所能延续到的最长时日了，她已经尽力了。

就连不相信三毛会自杀的陈妈妈，也在细细回顾了三毛生平的辗转之后，终于理解了女儿的做法。

自杀的前一个晚上，三毛还曾打电话给母亲说自己看见病房里有许许多多的白衣天使，她们说要将她带走，带去与荷西团聚。三毛的母亲因为三毛最近一段时间迷信鬼神，玩碟仙笔仙，还经常迷信会通灵去阴间，与鬼神“对话”，这样的说辞很多，因此没有太在意，没承想这是女儿留给自己的最后一点讯息。

在三毛生前，妈妈过生日，多年没有表示的三毛居然像个小孩子一样工工整整地画了一张生日贺卡祝妈妈生日快乐，并且在妈妈生日还没到时就送给了她。当陈妈妈问她为什么送礼物并且送那么早时，三毛说，她怕迟了来不及。听到这话的陈妈妈心口陡然一惊，但是万万没想到这是三毛要自杀的前兆。她是那样地信任这个女儿，在她保证了不会自杀之后，她是那么信任她，以至于当她说了“我怕迟了来不及”这样的话之后，还是没有警觉。

但是，当我们深入三毛的内心，你也许会发现更多自杀的原因。

作家的生活很多时候并不像我们想得那么宽裕、那么体面，很多时候会囊中羞涩生活拮据。尤其是当三毛和她母亲都因为身体不好频频入院时，生活的重压便迎面而来了。

三毛一家没有医疗保障，住院费与医药费的重压便全由三毛一人承担。医药费贵得可以，但是病又不能不治。再加上三毛约稿太多，行程排得太满，于是鲜少休息。

在母亲入院的那些日子里，三毛经常陪在医院守夜，彻夜难眠。在医药费迎面袭来的时候，三毛埋头写稿，希望自己努力写稿的速度能超过医药费上涨的速度。

有那么好几个月的时间，三毛几乎从未合眼。夜里写稿、照顾母亲，白天对外工作、接受采访。在那样焦躁的情绪下，在几个月都未曾闭眼的情况下，三毛自己都说，不知道那段时间是怎么活过来的。而且三毛的身体在这样持续不断地消耗下也逐渐败坏了。下体出血愈加严重，子宫长了瘤，浑身的毛病日复一日地多起来，常常疼得死去活来。

也许生活很多时候就是这样，无论有几座大山压着你，你辗转着，辗转着，也就过来了。当这些日子过来的时候，你也许都不知道自己是那么强大。

难怪有人感慨，人啊，永远都不知道自己有多坚强，直到有一天生活逼得你无法脆弱。

除了日子过得压力太大，焦虑不安，有时候家庭的忽视也是造成三毛选择自杀的一个不可忽视的因素。

诚然，三毛的父亲母亲对于三毛已是疼爱有加、开明宽容，但是对于敏感多思的三毛来说，有时候一点不为常人所注意的忽视也可能会是致命的，会在三毛心里留下永远的烙印。

那时又有人向三毛求婚，求婚信都已经寄给了三毛。三毛跟这个人也曾相处过，彼此心意相通，感觉不错。那个人对三毛的感受很照顾，也很愿意保护三毛。

这本来是一桩多么好的姻缘，三毛也曾是为此喜悦的。但是当三毛想把这份喜悦拿出来和大家一起分享、问问大家的建议时，她却发现没有人在意她的想法，甚至没有人在意有人向她求婚。或者说，难道大家都已经认定三毛接下来的生命就应该一个人度过?

她把求婚信放在饭桌上，没有人停下碗筷与她交谈。她大声对大家说有人向她求婚了，仍没有人停下碗筷与她交谈。她不死心，抱着最后一线希望最后一次向大家宣布了这个对她来说是那么重要的消息，有人停下来了——拿了那张信纸，去垫了菜盘子。

于是她终于绝望了，也觉悟了，带着锥心的伤痛，没有一种伤能比亲人的忽视更伤人。

她跌跌撞撞地冲回房间，重重地关上房门。在得不到家人对自己应有的回应与重视的情况下，三毛决定不去理会这次求婚，也不再接受任何求婚了。这样一段也许会改变三毛日后人生方向的姻缘，就这样被扼杀在至亲之人的忽视下，被扼杀在至爱之人的无动于衷与漠不关心下。也许这段婚姻结成的话，三毛就不会一个人在医院的病房里走向死亡的。

谁知道呢？历史不可重演，生命没有如果。

人生的杂味

这世界上的东西，不杂多不成气候。老子说：“五色令人目盲，五音令人耳聋，五味令人口爽，驰骋畋猎令人心发狂。”

有了红、绿、蓝这色光三原色，进而组成的各种缤纷色彩，令世界丰富多彩；有了宫商角徵羽五音，世界的声音才变得悦耳动听，才有那么多丰富多彩的旋律；有了酸甜苦辣咸各种味道，世界上的菜肴才有各色芬芳，各种食物才会引起人们的食欲；同样地，人生也只有充满各色况味，才是值得品味的人生。

一帆风顺的人生是缺失的，因为它不曾见过狂风骤雨的壮丽，不曾见过波涛汹涌的力量，不曾见过大海的另一种迷人模样；在温室里长大的花朵是缺失的，因为它不曾真正接受过阳光的照射，真正呼吸过大自然的空气，真正感受过大自然四季的温度与风景；完美无缺的人生是缺失的，因为这样的一生只有一种味道，却不曾知道另一种味道叫作缺憾的美。

看看那些有所成就、有所建树，且对人生有所感悟、对世事有自己的见解与思考的人，都不会是那些在温床里生长起来的人。

一代文豪高尔基，从小经历贫困不安的生活，亲眼目睹周围人的不幸遭遇，如母亲的被打、外婆的被虐、朋友的惨死，自己以稚嫩的肩膀承担了很多，最终成为一个民族的文化脊梁；丹麦作家安徒生，历经困顿，所有生活的不美好他都经历了，最终却为世界各国的儿童和大人创作了所有的美好；聋哑人海伦·凯勒，生下来没多久就耳目失聪，但是她没有自暴自弃，没有怨天尤人，而是以超乎常人的坚韧与耐心、乐观与坚强成为所有人学习的榜样，成为所有聋哑人、残疾人的榜样……

一个历经困顿的人，一个走投无路、身处绝境的人，像《当幸福来敲门》里的男主人公克里斯·加纳一样，他看见一枚硬币，会想起托马斯·杰弗逊，会想起《独立宣言》，会想起《独立宣言》里“独立、自由与追求自由的权利”，会追问当初托马斯·杰弗逊为什么会知道把追求幸福的权利写进《独立宣言》。

而那些妈妈掌心里的宝，现在的独生子女，含在嘴里怕化了，捧在手里怕摔了，逐渐长成一个自私自利、以自我为中心、没有爱人之心、没有不忍之心、没有自己思考能力的人，在社会上不能与他人和睦相处，经受一点挫折打击就寻死觅活。

所以说，人生经历不同的侧面，不同的味道是有好处的。不单是丰富自己的人生，也是为这个社会添一份和谐，为自己的人身安全添一份保障。

三毛的人格与作品魅力也正在于此。她的人生经历是丰富多彩的。有着常人羡慕的旅居异国的资本，有着常人难以想象的学习语言的单调辛苦，有着常人一辈子都可能经历不到的沙漠生活，有着各式各样五彩缤纷的爱情故事，有着各行各业形形色色的朋友，也有着各种生离死别的锥心之痛。

这些经历，无论是好还是坏，无论是幸运还是不幸，都是我们人生经历中的宝贵财富。有了这些经历，才铸成了三毛独有的达观坚强、洒脱豪迈，否则三毛可能终其一生都是一个在老师的阴影下存活、内心自闭、不会与人交往的孤单小孩，平平凡凡地过完她并不幸福快乐的一生。

那些人生的五味杂陈，无论是怎样地影响着我们，我们都应该感谢，都应该心存感激。不要因为害怕受伤害而不敢面对自己的人生，你要知道，一个苹果之所以比其他苹果残缺得大一点，是因为上帝更喜欢它一点，更偏爱它一点，所以咬了它更大的一口。

亲爱的，不要怀疑，就是这样的。

第九章 死亡：一种消逝，另一种出发

梦醒，一地碎红

“记得那时年纪小，你爱谈天我爱笑。有一回并肩坐在树梢下，风儿在吹鸟儿在叫。我们不知怎样睡着了，梦里花落知多少。”

这是三毛写在《梦里花落知多少》结尾的话，多少对于青葱岁月的缅怀跃然纸上，听者无不落泪，读者无不惘然。

这原是一首西班牙的童谣，是三毛在无意中听到，然后凭着记忆翻译出来的，在无数读者眼里，却别有一番风味。真是有心栽花花不开，无心插柳柳成荫啊。

最早熟识“花落知多少”，是因为那首《春晓》。还是在自己懵懂无知的年岁里，记忆里就有了关于这首唐诗的琅琅读书声——春眠不觉晓，处处闻啼鸟。夜来风雨声，花落知多少？

无数个幼年的清晨都伴随着这首唐诗度过，无数个春天，无数个雨天，都会想起这首诗。这是多么美好的印证，对于我们童年的印证。

过了一个寒风萧瑟的冬天，春天的脚步渐渐地近了，春雨淅淅沥沥地来了，春困也不知不觉蔓延到我们周身的每一根神经。早晨渐渐地起得晚了，都不知道东方的天空已经有了鱼肚白，料峭的春日清晨已经开始了呢。天空本应是橙红温暖的亮丽彩霞色，但是因了这淅淅沥沥的小雨，现在天空是深蓝深蓝的了，本就困倦的人们更加不觉晨已破晓了。

直到日上三竿，鸟儿清啼婉转，唧唧啾啾的清脆顽皮似孩童的声音才渐渐地将你从深深的睡梦中拉出来。你不情愿地翻了个身，又沉沉睡去。

不知过了多久，你终于睡眼惺忪地醒来。你揉了揉眼睛，并没有立刻起来，而是懒洋洋地拉开窗帘，看一眼被一夜春雨洗刷过的窗外的世界。

你很诧异自己为什么没有醒，居然沉沉地睡到现在，一夜好梦。你知道，你当然知道，春雨里有着怎样的雷声隆隆。你很奇怪，这样响的春雷为什么没有将自己惊醒，反倒是在几声鸟叫声中窸窸窣窣地醒来了。

你伸了个懒腰，揉一揉眼睛，准备翻身起床。但是春寒料峭，一阵风雨从窗户的缝隙里悄悄溜进来，冷不丁让你打了个寒战。

你打了个喷嚏，想着是谁在想你呢？一想二骂三念，可千万不要再打第二个啦。你想了一会儿，终于还是又将自己单薄的身子缩进被子里，即使睡饱了，闭目养神一会儿也是很好的，更何况春困哪里是喂得饱的呢？

你缩在暖暖的被窝里，想着也许正在想你而你也正在想的那个人，你微微地笑了，笑得心满意足。

你又想起昨晚做的那些梦来，梦见了多少人多少事呢？连你自己都记不清做了多少个梦了。你只知道，那些梦，都是令人开心的、幸福的、温暖的，回想起来都是会令嘴角上扬的。

你咧着嘴睁着眼睛又在被窝里赖了好久好久，最后终于拗不过那几只鸟儿，你掀开被窝，一往无前地起床了。

等你穿好衣裤，准备去洗漱时，朝窗外一看，却忽然发现昨晚还刚刚含苞待放的花骨朵都不见了，昨日还怒放迎春的花儿也都不见了。

你很惊讶。当然你又想起了昨夜的风雨，在看到满地花瓣的那一瞬间，尽管现在风已经停了雨已经住了，阳光也暖暖地洒满了大地，但你还是有微微的伤感，因为那一地碎红，让你想起那些春雨春雷中酣畅异常的梦。这些花儿，在你做着美梦的时候正经受着风吹雨打，在你还缩在温软舒适的被窝里时，正被风雨刮得漫天飞舞，最后零落成泥碾作尘。

不，没有香如故。你微微地苦笑了一下，带着些微的伤感。春困之后是春愁，春愁之后呢，该是春诗了吧？

于是你坐在床边，拿出笔墨，铺开宣纸，为这些梦里花落的生命写了一首小小的诗——春眠不觉晓，处处闻啼鸟。夜来风雨声，花落知多少。

你放下笔，抬头看了看窗外，一地落红应犹在，啼鸟不知自在鸣。

你摇了摇头，又想起那个很多年前的早晨，那些很多年前的春日，也是这样的细雨绵绵，也是这样的春寒料峭，也是这样的春雷隆隆，也是这样的春日和煦。

只是物是人非。那个稚嫩的你已经不复存在了，现在的你是很多年前的那个你想要的吗？是很多年前的那个你预想到的吗？你喜欢了很多年的那个她还在吗？还是孤身一人吗，还是已经嫁作人妇？

你想起很多年前的那个她。那个阳光明媚的午后——记得那时年纪小，你爱谈天我爱笑。有一回并肩坐在树梢下，风儿在吹鸟儿在叫，我们不知怎样睡着了，梦里花落知多少。

呵，你笑着。苦笑呢，还是微笑？连你自己也不分明了。你只知道自己忽然很想她，想她的音容笑貌，想她熟睡的模样。

其实，那么多年以来，你的两颊都爬满了胡须，你的肩膀已经硬实得足以挑起生活的重担，你的眼角刚毅，你的眼神坚定而柔和，你一直在心里埋藏着一个深深的秘密，一直没有对任何人说，包括她。你在心里笑着，像做了一件特别勇敢而伟大的事那样。原来，那个清风拂着树梢、阳光引人入睡的午后，你并没有睡着。

你只是眯着眼睛，静静地，静静地看着她。看着她因为呼吸微微起伏的身体，看着她在阳光下粉嫩的脸颊上透明的绒毛，看着她长长的睫毛，看着她高高扎起的马尾，又黑又亮的发丝在清风里微微地动着，看着她别在脑袋上的一个小发卡，看着她一袭长长的白色棉布裙，看着她的白色布鞋，想象着她布鞋里那双小小的瘦瘦的粉粉嫩嫩的脚。

你觉得你很幸福，然后你不再看她，又眯着眼睛看着天空。

天空是碧蓝碧蓝的，一望无际，湛蓝的天空里几片白云显得那么透亮。它们在缓慢地移动着，缓慢地变换着形状。阳光缓缓地流淌进你的眼睛，你心满意足地闭上了眼。

睡梦里，你又看见了她因为呼吸微微起伏的身体，看见了她在阳光下粉嫩的脸颊上透明的绒毛，看见了她长长的睫毛，看见了她高高扎起的马尾，又黑又亮的发丝在清风里微微地动着，看见了她别在脑袋上的一个小发卡，看见了她一袭长长的白色棉布裙，看见了她的白色布鞋，想象着她布鞋里那双小小的瘦瘦的粉粉嫩嫩的脚。

现在的你回想起那个午后，你是多么自豪与骄傲，因为你没有真的睡着，你抵挡着不断袭来的浓浓春困，只是为了仔细地看着她，用力记住青春年华里的她。

等到若干年后物是人非，也许天各一方的时候，你会想起那个午后，那个那么那么美好的午后。

你慢慢地落下泪来，因为现在的你唯有感叹：梦里花落知多少？

生命终将逝去

一片黄沙浩瀚，沙漠漫无边际，杳无人迹，只有狂风卷地起，在这片沙海里发出凄厉的呼号，卷着狂沙狂奔突击，没有方向，没有目的。

在这一片黄沙与大风里，慢慢地闯进了几个缓慢沉重的身影，是几只骆驼，几个人影。

这些沙漠之舟身上背负着沉沉的货物，一步一步艰难地行走在无边无际的沙海里。

它们没有怨怼，没有愤恨，也不知疲倦，只是这样不停地走着，走着，走在永远都是黄沙的路途上。它们知道自己注定孤独终生，终生与这沙海为伴。它们知道自己这辈子的使命，那就是不停地走，不停地走，走到自己老死，再也走不动了，便面临着被杀戮的命运。

它们没有抗争，也没有挣扎，它们默默地承受着这些生来便已经注定的命运。

只是，那人类挂在它脖子上的铃铛唤起了它埋葬了千年的意识。在寂静无声的大漠里，这一声声铃声仿佛是遥远的神意对它的一声声呼唤，呼唤它“归来吧我的孩子”，呼唤它“午安吧我的孩子”。

它仍是沉寂无声地一步一步踏在这大漠里，但是每一步都比原来更有力量。沙漠里会留下它有力的足迹，留下它想要用力歌唱生命的心意。

最后，它仍是老了，老得再也走不动了，被带进屠宰场，同其他老去的沙漠之舟一起等待最后的命运。

它们曾经同甘共苦，曾经一起走在沙漠之脊上，曾经一起听大漠浑圆落日里的那一声声铃响。

而今，脖子上空空荡荡，身边没有任何声音。每一只沙漠之舟都眼含浊泪，不是因为生命的逝去——因为生命终将逝去——而是因为那曾经陪伴过它们无数个寂静日夜的神的呼唤，而今一片沉寂了。那一声声没有语言的呼喊，曾经激起它们心中多少感慨。

而今，它们唯有老泪纵横地等待着生命的逝去。在屠刀落下的那一刻，它终于呼啸着发出最后的悲鸣，满眼热泪。

然后它终于离开了这个世界，离开了这个生它养它的世界，离开了这片它行走了一辈子的沙漠。只留下悲怆的回声与余音在空荡的沙漠里回响，响到那一轮红日深处去。

它终于离开了这些陪伴了它一辈子的铃铛，陪伴了它一辈子的货物，陪伴了它一辈子的皇天后土，陪伴了它一辈子的鞭子，陪伴了它一辈子的民族。

连最后一点余音都断了，它彻底地离开了这个世界。

而这片沙海，生存在这片沙海里的人们，还在世世代代地生息繁衍下去，直到有一天，他们脖子上的铃铛也悄然响起。

三毛来的时候，这片贫瘠的沙漠就已不属于它自己，它的名字叫“西属撒哈拉”。那些黄头发蓝眼睛的白种人可以在这里居住，可以在这里开矿，可以在这里设办事处进行管理。

不管这是好事还是坏事，没有人问过这片土地上的人们，他们就这样强势而霸道地进来了，没有说一句话。

三毛要走的时候——当然，并不是三毛自己想走，而是时局所迫——也是因为那些贪心而狂妄的外部势力。他们又开始争夺这片本来就不属于他们的土地，没有人问一问世世代代在这片土地上生存的人们的意愿。

水晶球里的人生

人到中年，看自己的人生，看这个大千世界，便和以前的自己大为不同了。

小时候，总觉得世界就在那个透明的水晶球里。通过水晶球看到的奇异的小世界就是我们小小的脑海里所有关于世界的看法了。水晶球是什么形状，世界就是什么形状；水晶球是什么颜色，世界就是什么颜色；水晶球里的故事是童话般善良纯洁的，世界就是善良纯洁的；水晶球里的故事是引人落泪的，那么这个世界就是悲伤的。

小时候的看法多么单纯美好。

我们渐渐长大，水晶球也慢慢地褪了颜色。在我们眼里，水晶球不再具有那么大的魔力，它只是一个玩具，一个幼稚的不谙世事的孩童把玩的玩具。经历了那么多苦难挫折的我们已经认清了现实，也已经屈服于现实。水晶球对于我们已经不再起任何作用了。

你看，生活就是挺奇怪的：当你不想拥有的时候，他会追着给你；当你渴望的时候，上天总会送给你一个不耐烦的白眼儿，还得说上两句让你堵心的话。在经历重重世事之后，心力交瘁的我们也偶尔会坐下来歇一歇。那片刻，也许我们会想起曾经寄放了无数天真美好的梦想与愿望的水晶球，曾经它载着整个世界，带领我们一步一步走出幻想的美好世界。它以其魔力的结束为代价，让我们认识了一个真正的世界。

这个时候，我们是感谢它的。从来没有过的感谢。因为它在我们不谙世事的时候陪着我们单纯美好；在我们走进世界的时候让我们放心大胆地往前走，不要有后顾之忧；在我们在这个世界里打拼得累了，想要找一个没有人的地方静下来好好歇一歇的时候，它又重新出现，静静地望着我们，不说一句话，陪我们追忆过往。

它是一件美好的事物，美好得像个水晶球一样，承载着所有孩童的天真与梦幻，但是需要好好保护与珍惜，因为它一旦跌碎，就再也不会重合了。

已经过了大半辈子的我们，有时候看看那个蒙满灰尘的玻璃球，忽然会鼻子一酸落下泪来，因为我们从中看见了自己，看见了那些逝去的年华。

白天，晴朗的白天，明媚的阳光洒在水晶球上，水晶球在地上洒下一个个五彩缤纷的投影。晚上，灯光闪烁的晚上，灯光照射在水晶球上，水晶球散发着经年的陈陈的光，幽幽地向我们诉说着我们的过往。

在这些光影里，我们仿佛看见了我们的各色人生。我们感慨唏嘘，我们痛心疾首，那都没有用的，因为我们已经回不去了，水晶球也回不去了。

水晶球就像一个巫师一样，容纳着我们各色各样的奇怪人生。每个人在它身上都能看见自己消逝的年华，无论是哭着的还是笑着的，无论是欣喜的还是悲伤的，无论是平静的还是愤怒的，无论是幸福的还是痛苦的。

我们该感谢它吧？是啊，该感谢。可是我们又恨它，因为它神不知鬼不觉地将我们的各色人生都吸纳进它的身体里了，而我们却空空如也，什么也没留下。

于是有的人转而愤恨地摔碎了水晶球，暴戾地斥责它是个魔鬼，专收人精魂；有的人将它奋力地抛向远处，抛向远处的草窠或丛林，让它离自己远远的，再也不要看见它，以为看不见它了，远离它了，逝去的青春就会回来，未来的老朽就不会到来。

而水晶球却随遇而安，它无论是碎了、不见了，还是远离这个喧嚣的世界了，它知道，一切仍尽在它的掌控之中。它就像是大海深处的巫婆一样，不用它去寻找，自然会有追逐世事的美人鱼送上门来，请求它给予她所没有的东西——双脚，而将自己最美好的东西——美妙的歌喉送给她。她尽管心疼，但是从不后悔，即使最后王子并没有和她在一起。她说不出话，唯有默默流泪，然后深深地祝福，祝福自己所爱的人。最后，没有悔恨，也没有怨怼的她，在黎明来临前的那个时段，融进那无边无际的大海里，成了无数泡沫中的一个，无数浪花中的一朵，结束了她美丽而短暂的生命。

这是我所知道的最伤心的一个童话，但也是我给予了最深的祝福的童话。不是因为我心胸宽广，而是因为那条美人鱼心胸宽广。我尊敬她，我爱她，不是因为她美丽的面庞与身躯，不是因为她高贵的出身、典雅的气质，而是因为她对于爱的勇敢追求，对于不美好的包容与忍耐。

这样的人，连世间最恶毒的巫师也奈何不得。尽管你夺去了她的嗓音，尽管你使她每走一步都如刀割，尽管你以那么残忍的方式让她失去了她所爱的人，尽管你让她最后只能眼睁睁地看着她深爱的王子亲吻另一个女人，尽管你让她连黎明的曙光都没能看见的时候就化成了泡沫，但她仍是幸福的，因为她学会了爱，学会了这个世界上最可宝贵的爱。

所以，珍藏水晶球的人，没有将水晶球摔碎或扔向远处的人是幸福的。因为他们经历的世事没有让他们消极怨怼、怨天尤人、喋喋不休，而是让他们学会了爱人，学会了感恩，学会了包容与忍耐，学会了成熟稳重，学会了静水流深。

他们知道水晶球不是一个恶毒的巫师，虽然时间流逝，过去的它们一去不复返，逝去的年华不会再回头，但是他们知道，正是生命一点一滴的流逝使他们学会了坚强自立、爱己爱人，学会了理性稳重，学会了明辨是非，学会了趋善避恶，学会了自己在小时候永远也学不会的坚韧品质。这些东西都是值得的——以逝去的年华为代价换来的都是值得的。

所以啊，所以在有人将水晶球摔碎，有人将水晶球丢弃的时候，也有人将水晶球擦拭，将水晶球爱抚，将水晶球轻轻地、深深地贴近自己的面颊温热着，将水晶球放进坚固的、深爱的盒子里珍藏着，直到自己年华老去，再也看不见第二天的黎明与曙光。

在离开这个世界最后的那一刻，他的手里还紧紧地握着这个水晶球，一如刚出生的时候一样那么喜欢它，那样紧紧地攥着它，最后却不得不松手。

正如影片《公民凯恩》一样，一个从普通家庭成长起来的孩子，被父母过继给别人，成长途中经过种种变故与传奇经历，最后终于成为美国报业大亨。然而这个报业的传奇人物去世时手里紧紧攥着的，竟是一个透明的水晶球，而这个水晶球所对应的“玫瑰花蕾”竟是他童年雪橇上的刻字。一个令所有人费尽心思去猜测的谜团，谜底竟然那样简单——仅仅是他小时候的梦而已。

行在路上，邂逅的不仅仅是尘世风景，更是触动人心的辛酸人事。漫步人生，经历的不仅仅是悲欢离合，更是命运的包罗万象。每个人的生命中都有一件令人魂牵梦萦的东西吧？也许直到生命的最后一刻还没能得到，没能实现。

是呵，不是每个人的生命都会像那些美好的童话一样，最后都会拥有一个完满的、充满希望的光明结局，更多的是像《海的女儿》一样，带着无尽的遗憾与期盼，葬身在生己养己的水土里。

但是无论如何，无论你的人生是否能称得上圆满，你这一辈子都是值得过的。你拥有了没有经历过你这一辈子就永远也无法具备的美好品质。

水晶球是为每一种人生准备的，无论最后你将它抛弃还是将它珍藏，无论你最后是恨它还是爱它。

那些光影里的各色人生，是我们一辈子的财富，也是这个世界之所以存在的意义。

三毛的人生也只不过是这各色人生里的一种，但是她对得起她的这一段并不算长久的人生。尽管有愉悦也有伤痛，有幸福也有痛苦，但是最终她走的时候是坦然的，没有对这个世界的怨恨，没有对自己人生的不满，而是带着对深爱的人的期盼，带着深深的思念离开了这个世界。

在她的水晶球里，我们又看到了怎样的人生呢？仁者见仁，智者见智吧。

再次出发

一个人的一生有多少次重来的机会？有多少次新生的机会？有多少次重新拾起行囊再一次出发的机会？

也许当你跌得头破血流，被包扎得满头满脑的绷带，脑袋上结满了血痂的时候，你会静下心来重新思考你的人生，这个时候，你有再一次出发的机会。

也许当你奋斗半生，获得了无数人梦寐以求的金钱权力地位的时候，当你站在这个社会顶峰的时候，你忽然累了，你忽然想安安静静地坐下来，躺倒下去，不再那么用力奔跑，而是安安静静地静止在一个点上，这个时候，你有了一次再一次出发的机会。

也许你在外漂泊流浪，一直飘在空中，没有根没有依靠地过了大半辈子，忽然有那么一个时刻，你想停下来歇一歇，你想一头扎进泥土里，沉沉地睡上一觉，睡得天昏地暗，再也不要醒来，这个时候，你有了一次再一次出发的机会。

也许你养尊处优一辈子，没有经历过任何艰难险阻，永远都在万里晴空下成长，忽然有一天，你想换一个环境，你也想刮风下雨了，你也想让暴风雨来得更猛烈些，你也想看见电闪，听见雷鸣，那个时候，你就获得了一次再一次出发的机会。

人的一生有很多转折点。但是并不是每一次转折都会是一次新生的机会。只有你用心去感悟了，你认真去思索了，你从心底里生出要改变的念头，你才会有机会重新出发。当然，你还要有勇气去重新出发。因为这一次的开始意味着你前面所有的路都白走了，你以前所有的经验都不适用，也许过得并不会比以前的生活好，甚至更糟，也许你周围所有的人都不理解，也许前行的路上只有你孤身一人。

如果那么多的不确定，都没能阻挡你重新出发的决心，那么，出发吧，少年，勇往直前地走吧。是的，少年，每一个重新扬帆起航的人都值得被叫一声“少年”。

纵观三毛的一生，有过太多次的重新出发。这是怎样一个充满着勇气的生命，才会接受那么多次的挑战，重新开始那么多次？

在上小学的时候，被老师当着全班同学甚至是全校的面当众侮辱，而后三毛见到学校便晕厥，最后干脆待在家里闭门不出任谁劝也没有用，这是一次转折。

如果不是后来三毛有了学画的兴趣，也许三毛的命运跟今天我们所熟知的三毛截然不同。她在那么小的时候便选择了重新出发，那是多么大的勇气。她不但开始重新学习，而且有了爱人的能力，尽管她爱的是她的美术老师，但那又怎样呢？毕竟这时候她的人生已经重新出发一次了，出发得比任何人都早。

后来，那个令她重新出发的老师远走巴黎，她也进了文化大学念哲学，并且遇上了另一个令她爱慕的人。他们在一起三年，最后要毕业了，在天各一方之前，她泪流满面地请求那个她爱的人留下来与她结婚，但是结果是残酷的。伤心欲绝的她再一次重新出发，背起行囊一个人远走异国他乡。

在那个热情洋溢的国度，她不再伤心，不再哭泣，她学会了保护自己，自力更生，她也遇见了新的爱情。但是受过情伤之后的她，变得没有那么容易敞开心扉接受爱情了。关上的心门再打开是需要花费很大的力气的。她咬咬牙逃避，她狠狠心拒绝，宁愿站在窗帘后面看着那个等在树下的人，也不愿意下楼去坦白自己的心。

她终于逃到另一个国度去，然后又是下一个国度，然后又回到了自己的家。在自己的家乡，她不像刚受伤时那么封闭心门了，她渐渐地开始接受一些人的感情。这也是一次新的出发吧，因为本来连恋爱都不敢的人，现在竟然会接受求婚了。

她结婚了，满以为会是一个全新的开始，没想到新的开始才不久，就落下帷幕了。她离婚了。她一度伤心绝望，对爱情失去期盼，但是上天垂怜，离婚不久，她又遇见了一个人，这个人成熟稳重，高大体贴，也深深地爱恋着三毛，两个人两情相悦，于是在台北的月光下相约结婚。

那么美好的开始，却以尚未开始的开始作为结束了。看见心爱的人死在自己的怀里，看见他的棺木一点一点地钉上，她伤心欲绝。

她不明白，为什么每一次幸福生活就要开始的时候，厄运就随之而来？是上天故意要磨炼自己吗？

但是似乎每一次打击之后，上天都会给三毛一次新的机会。这一次也不例外。三毛接到了荷西的来信。这个在西班牙默默等待了他六年的小男生，现在已经成长为一个满脸络腮胡子的英俊的男人了。

刚经历丧夫之痛的三毛不愿意再待在伤心地，于是又一次踏上漂泊的旅途，来到这个阔别六年的第二故乡。

这一次，她收获了真正的爱情，收获了她生命中最重要的一段爱情。他们在塞维利亚的雪地里交换了彼此的心，而后又一起相约去往那片沙海里。这是一次真正的新生。此时的三毛同以前的三毛已经大不一样了。她不再自闭，不再过于敏感、怨天尤人、脆弱而没有抵抗力，现在的她幸福、满足，尽管仍有些微的敏感，但是浑身上下充满了爱的能力，充满了积极乐观热情的正能量。

在沙漠几年时间里，她收获了很多。不仅仅是越来越成熟、越来越散发出甜蜜芳香的爱情，更多的是对于生活与生命的感悟，对于这一片浩瀚的沙海以及生存在这片沙海里的人们的思索。

最后当这段爱情都转化成亲情的时候，那个人却逝去了，永远地葬身海底，再也不会回来。

她终于还是一个人了。这是上天给她的又一次考验吗？她几乎都产生怀疑了。那些在她生命中来了又走的爱情、停留了又离开的人们，都是她克死的吗？她是这样的女人吗？是一个会给自己爱的人不断地带去厄运的人吗，还是说上天是为了保护她，而将本该是她遭的厄运转嫁到她最深爱的人身上去？

她遭受了最为沉重的打击，比以往任何一次打击都重。她的那些乐观开朗积极热情的品质经过那么多年的沉淀当然不会再退去，但是经过这迎头一击暂时都隐藏起来了。她开始沉默寡言，开始日夜思念同一个人，开始静下心来思考生命与爱情的意义，开始重新审视这么多年来背井离乡的漂泊生活。

她终于因为这一次沉重的打击沉淀下来了。她觉得同以前的自己大不一样了。或者，连她自己都没有感受到。

但是，沉淀下来的她变得更坚韧、更成熟。虽然悲痛的时候她也会想到死，但那并不是软弱无力的“一哭二闹三上吊”，而是出于对亲人的思念，以及对生命的超然的思索。

最后，她出于对父母的爱护，不忍心两位老人以年迈之身承受丧女之痛，终于承诺要坚强地活下去，无论生活对于她是多么孤单寂寥，孤苦难耐。

她开始了一次质的蜕变。她回到台湾，以自己的丰富经历和对生命、生活与文学的思考在文化大学任教，教给无数敬仰她、敬佩她的学生子弟关于她对生命与文学的思考。她以自己在海峡两岸青年中的庞大影响力，鼓励青少年热爱生命，过好自己的青春，承担自己的责任，爱护周围的人。

这一段时间里的她，虽然没有了荷西的陪伴，但是她的精神力量却超越了时间与空间，陪伴了更多的人。这时的她何尝不是一次新生呢？而且是最大的、最有意义的新生。

以前的重新出发仅仅是出于个人，为了自己；而现在，她的一举一动都牵动着所有人的心。她在为所有人出发上路，为所有人塑造一个新生的榜样与力量。

这时的她是值得我们所有人敬佩的。

尽管最后她因为病痛缠身，背负生活、家庭与社会的多重压力，心力交瘁，又思念亲人等多种原因选择自行了断，但是我们并不能因此而责备她什么。因为那是她的生命，她最清楚自己想要的是什么。当最后她以自己的方式得到了她想要的，无论是解脱也好，荷西的陪伴也好，我们不是都应该祝福她吗？

她的一辈子背负了太多，最后的生命的结束又何尝不是一次新的开始呢？

她的结束也留给了我们无尽的思索。这是一个谜。警察说她用一条丝袜吊死在马桶上方的杆子上，护士说夜半看见一个人影从她的房间处一闪而过，而她的母亲却说她宁静安详、双手合十地端坐在马桶盖上，脸上没有一点痛苦与挣扎的表情。有人猜是自杀，有人猜是无意识的意外死亡，也有人猜是谋杀。

然而这些对她来说已经不重要了。因为无论她的死亡真相是哪个，她都留给了我们最宝贵的精神财富，值得我们用心去思索。而她自己也早已开始再一次的出发，开始新的旅途、新的征程。在我们看不见的地方看新的风景，遇见新的爱人。

后记

三毛生长的时期是整个历史长河中平凡而渺小的一段，三毛生长的地方是整个世界版图中平凡而渺小的一个，三毛生长的家庭是整个人类社会中平凡而渺小的一分子，三毛的生命个体是芸芸众生中平凡而渺小的一朵。

但是，三毛在我们看来又是多么独特而伟大呢！她的独特不在于她刻意装点自己，刻意彰显自己或者任何刻意使自己显得独特的行为，她的独特正在于她自己由内而外散发出的独特气息而自己浑然不觉或说觉察到了也不以为意。

她的伟大也并不是在于她做了多么惊心动魄的事情，或者做了什么丰功伟绩以至于可以写进人类的历史永垂不朽，她的伟大在于她给了那一代人以及她之后的人以精神上的慰藉与鼓舞，给了我们反思的契机与前进的动力。

她独特，因为她我行我素，按照自己对于生命的理解前行；她独特，因为她曾经自卑如丑小鸭，而后却依靠自己的力量和自信而绽放光彩如白天鹅；她独特，因为她不如滚滚红尘中的世人一般追逐功名利禄，而像桃花源中的陶渊明一样在与世隔绝的境地里怡然自得甘之如饴；她独特，因为她拥有了世人不敢拥有也无法拥有的童话般的爱情，也因为她承受了生命中不能承受之轻；她独特，也因为她思念爱人而“走火入魔”游走于人间阴间；她独特，也因为她以扑朔迷离的方式离开了这个有那么多人爱她崇拜她的世界，留给世界以无尽的争议与猜想；她独特，更因为她离开这个人世之后，她的作品仍引起那么多人的关注与争议，无论是为她辩护的，还是对她攻讦的……

无论世人的评价是正面是负面，是褒扬是指责，都改变不了她以独特的身姿将自己的一生留在历史长河里。

她伟大，因为她心存梦想，并且不顾一切地去实现这个心中的梦想；她伟大，因为她追求自由，即使在那个年代里她的行为是那么古怪而诡异；她伟大，因为她善良友爱，对一花一草一物一品都心存不忍之心，小心爱护；她伟大，因为她邂逅无数的爱情，却始终坚守心中的那个大胡子荷西；她伟大，也因为她心中始终装着一个人，不顾世人眼光也要勇敢追求她欣赏之人；她伟大，在于她用自己短暂的生命燃烧起两岸三地五湖四海的青年人冲破时代桎梏追求自己心中梦想的勇气与热情，燃烧起千千万万人对于生命的重新审视与思考，燃烧起他们对于自由的追求，对于自我的重新认知与定位。

无论她的梦想、她的自由引起过多少争议，给她带来多少正面的或负面的效应，都改变不了她在无数年轻人心中伟大的定位。

这个独特而伟大的生命离开我们已经有 23 年了，在她的生命离开我们之后，她的精神又滋养了那么多新生的生命。这是一件多么幸福的事，无论对于三毛还是对于从中汲取养分的我们。

她以榜样的力量鼓舞着我们。因为她，万水千山不再遥远；因为她，梦里花开不知多少；因为她，撒哈拉也能盛开出美丽的花朵；因为她，垃圾场也能是世界上最明媚的花园；因为她，动荡的年代里连骆驼都是满含眼泪哭泣悲鸣的；因为她，每一个夜晚都可以是倾城的温柔的夜；因为她，我们的灵魂可以自由地骑在纸背上；因为她，滚滚红尘亦是刹那时光。

写这本书，不是为了夸耀，不是为了彰显，只是为了把心里最真实的想法表达出来。如果你也追求自由，心怀梦想，热爱生命，那么我想，这本书对于你我而言是沟通的渠道、反思的途径、静心思考与休憩的驻点，无关个人崇拜，无关私心偏爱，只是聆听自己心里最真实的想法。

如果当你看到这里，在合上书的那一瞬间，忽然清晰了自己内心的想法，知道自己的路要往哪里走，或者坚定了内心的某种信念，那么，谢谢，这正是我想要的，我想也是三毛所感到欣慰的。

请原谅我尽管也害怕有一天会跌倒，却仍然一生不羁放纵爱自由。